KB138675

ENJOY 여행중국어

지은이 넥서스콘텐츠개발팀
펴낸이 안용백
펴낸곳 (주)넥서스

초판 1쇄 발행 2016년 5월 20일
초판 4쇄 발행 2016년 8월 10일

출판신고 1992년 4월 3일 제311-2002-2호
04044 서울시 마포구 양화로 8길 24
Tel (02)330-5500 Fax (02)330-5555

ISBN 979-11-5752-795-3 13720

www.nexusbook.com

중국 여행 처음 갈 때 이 책!

ENJOY

넥서스콘텐츠개발팀 지음

여행 중국어

넥서스

구성 및 특징

자주 쓰는 표현 BEST 30

여행 가서 자주 쓰는 표현 30개를 엄선했습니다. 이것만 알아도 여행지에서 웬만한 의사소통은 가능합니다. 중요한 표현들이니 이것만은 꼭 알아두세요.

기초회화 Pattern 10

'~ 주세요', '~은 어디예요?'와 같이 여행지에서 자주 쓰는 회화 패턴을 정리했습니다. 패턴에 단어만 바꿔 넣으면 하고 싶은 말을 쉽게 표현할 수 있습니다.

여행 과정에서 발생하는 상황의 표현들을
11가지의 주제별로 나누어 정리했습니다.

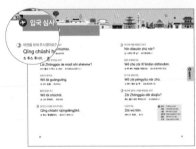

상대방이 하는 말을 알아
들어야 내가 하고 싶은 말
도 할 수 있겠죠? 상대방
이 하는 말, 즉 여행지에
서 듣게 되는 표현은 별도
의 표시를 해두었습니다.

단어만 말해도 뜻이 통할
때가 있습니다. 상황별로
자주 쓰이는 단어들을 보
기 좋게 정리했습니다.

여행에 도움이 되는
정보들을 정리했습니다.

★ 출입국신고서 작성하기
★ 중국 입국 절차
★ 중국 화폐 익히기
★ 중국 숙박 예약 사이트
★ 중국 여행 필수 어플
★ 중국 음식 주문하기
★ 중국어 숫자 읽기

중화권의 인기 여행지를 소개합니다.

상하이, 베이징, 시안,
항저우/쑤저우, 청두,
쿤밍/리장/다리/구이린,
둔황/투루판/우루무치,
홍콩/마카오, 타이완

MP3 100% 활용법

발음 듣기용

우리말 해석과 중국어 문장이 녹음되어 있습니다. 먼저 원어민 음성을 듣고 발음을 확인해 보세요.

✓ check point!

- □ 원어민 발음을 확인한다.
- □ '이런 말을 중국어로는 이렇게 하는구나' 이해한다.
- □ 들릴 때까지 반복해서 듣는다.

회화 연습용

우리말 해석을 듣고 중국어로 말해 보세요. 2초 후에 나오는 원어민 음성을 확인한 다음, 다시 따라 말하면서 공부한 표현을 암기하세요.

✓ check point!

- □ 제대로 외웠는지 확인한다.
- □ 원어민 발음에 가깝게 말하도록 반복 훈련한다.
- □ 우리말 해석을 듣고 바로 중국어 표현이 생각나지 않는다면 다시 복습한다.

무료 MP3 다운받는 법

❶ '넥서스 홈페이지' 접속
   www.nexusbook.com
❷ 다운로드 영역에서 '인증받기' 클릭

목차
★ enjoy ★

Before you go 이것만은 알고 가자

1. 초간단 기본표현

2. 기내에서

3. 공항에서

4. 호텔에서

10. 친구 만들기

9. 쇼핑하기

11. 긴급 상황 발생

Before you go
이것만은 알고 가자

★ enjoy ★

여행 가서 **자주 쓰는 표현 BEST 30**

하고 싶은 말 다 하는 **기초회화 Pattern 10**

발음 듣기용

회화 연습용

여행 가서
자주 쓰는 표현
BEST 30

감사합니다.

Xièxie.

씨에씨에. · 谢谢。

미안해요.

Duìbuqǐ.

뚜이부치. · 对不起。

저기요.

Wèi.

웨이. · 喂。

잘 모르겠어요.

Wǒ bù zhīdào.

워 **뿌 쯔**다오. · 我不知道。

중국어는 전혀 못해요.

Wǒ bú huì shuō Hànyǔ.

워 **부훼**이 **슈어 한**위. · 我不会说汉语。

13

뭐라고요?

Shénme?

션머? · 什么?

좀 더 천천히 말씀해 주세요.

Qǐng mànmānr shuō.

칭 만말 슈어. · 请慢慢儿说。

얼마예요?

Duōshao qián?

뚜어샤오 치엔? · 多少钱?

그냥 둘러보는 중이에요.

Wǒ zhǐshì kànkan.

워 즈스 칸칸. · 我只是看看。

할인해 주세요.

Piányi diǎnr ba.

피엔이 디얼 바. · 便宜点儿吧。

입어 봐도 돼요?

Kěyǐ shìshi ma?

커이 스스 마? · 可以试试吗?

이거 주세요.

Qǐng gěi wǒ zhè ge.

칭 게이 워 쩌거. · 请给我这个。

환불하고 싶어요.

Wǒ xiǎng tuìhuò.

워 샹 투이훠. · 我想退货。

포장해 주시겠어요?

Bāng wǒ bāozhuāng, hǎo ma?

빵 워 빠오쫭, 하오 마? · 帮我包装, 好吗?

거기에 어떻게 가요?

Qù nàr zěnme zǒu?

취 날 쩐머 조우? · 去那儿怎么走?

얼마나 걸려요?

Yào duōcháng shíjiān?

야오 뚜어창 스지엔? · 要多长时间?

여기에서 멀어요?

Lí zhèr yuǎn bù yuǎn?

리 쩔 위엔 뿌 위엔? · 离这儿远不远?

가장 가까운 지하철역이 어디예요?

Lí zhèr zuì jìn de dìtiězhàn zài nǎr?

리 쩔 쭈이 찐 더 띠티에짠 짜이 날? · 离这儿最近的地铁站在哪儿?

어디에서 갈아타요?

Zài nǎr huàn chē?

짜이 날 환 처? · 在哪儿换车?

택시를 불러 주세요.

Qǐng jiào yí liàng chūzūchē.

칭 찌아오 이량 추주처. · 请叫一辆出租车。

힐튼 호텔로 가 주세요.

Qǐng dào Xī'ěrdùn dàjiǔdiàn.

칭 **따오** 씨얼뚠 **따**지우**띠**엔. · 请到希尔顿大酒店。

여기가 어디예요?

Zhè shì shénme dìfang?

쩌 스 션머 **디**팡? · 这是什么地方?

예약했는데요.

Wǒ yùdìng le.

워 **위딩** 러. · 我预定了。

죄송하지만, 사진 좀 찍어 주시겠어요?

Máfan nǐ bāng wǒ pāi zhàopiàn, hǎo ma?

마판 니 **빵** 워 파이 **짜**오 **피**엔, **하오**마? · 麻烦你帮我拍照片, 好吗?

화장실이 어디예요?

Wèishēngjiān zài nǎr?

웨이**성지**엔 **짜**이 날? · 卫生间在哪儿?

이걸로 할게요.

Wǒ yào zhè ge.

워 **야**오 쩌거. · 我要这个。

물 한 잔 주세요.

Gěi wǒ yì bēi shuǐ.

게이 워 **이** 뻬이 **쉐**이. · 给我一杯水。

계산서 주세요.

Qǐng ná zhàngdān lái.

칭 나 **짱딴** 라이. · 请拿账单来。

됐어요. / 필요 없어요.

Bú yào le.

부 **야**오 러. · 不要了。

좋습니다.

Hǎo.

하오. · 好。

하고 싶은 말
다 하는 기초회화
Pattern 10

🎧 MP3 00-02

콜라 한 잔 주세요.

Gěi wǒ yì bēi kělè.

게이 워 **이 뻬이 커러**. · 给我一杯可乐。

메뉴판 좀 주세요.

Gěi wǒ càidān.

게이 워 **차이딴**. · 给我菜单。

영수증 주세요.

Gěi wǒ shōujù.

게이 워 **쇼쥐**. · 给我收据。

창가 쪽 자리로 주세요.

Gěi wǒ kào chuāng de zuòwèi.

게이 워 **카오 촹** 더 **쭈오웨이**. · 给我靠窗的座位。

같은 걸로 주세요.

Gěi wǒ yíyàng de.

게이 워 **이양** 더. · 给我一样的。

🎧 MP3 00-03

버스 정류장은 어디예요?

Gōngjiāochēzhàn zài nǎr?

꽁쟈오처잔 **짜**이 날? · 公交车站在哪儿?

화장실은 어디예요?

Wèishēngjiān zài nǎr?

웨이**성지엔 짜**이 날? · 卫生间在哪儿?

매표소는 어디예요?

Shòupiàochù zài nǎr?

쇼피아오추 **짜**이 날? · 售票处在哪儿?

피팅룸은 어디예요?

Gēngyīshì zài nǎr?

껑이스 **짜**이 날? · 更衣室在哪儿?

가장 가까운 슈퍼마켓은 어디예요?

Lí zhèr zuì jìn de chāoshì zài nǎr?

리 **쩔 쭈**이 **찐** 더 **챠오스 짜**이 날? · 离这儿最近的超市在哪儿?

🎧 MP3 **00-04**

담요가 필요해요.

Wǒ xūyào tǎnzi.

워 **쉬야**오 **탄**즈. · 我需要毯子。

통역이 필요해요.

Wǒ xūyào fānyì.

워 **쉬야**오 **판**이. · 我需要翻译。

이곳 관광지도가 필요해요.

Wǒ xūyào zhèlǐ de lǚyóutú.

워 **쉬야**오 **쩌**리 더 **뤼**요투. · 我需要这里的旅游图。

모닝콜이 필요해요.

Wǒ xūyào jiàoxǐng fúwù.

워 **쉬야**오 **찌**아오**씽 푸**우. · 我需要叫醒服务。

이 호텔 약도가 필요해요.

Wǒ xūyào zhè bīnguǎn de lùxiàntú.

워 **쉬야**오 **쩌 삔**관 더 **루씨**엔투. · 我需要这宾馆的路线图。

예약하고 싶어요.

Wǒ xiǎng yùdìng.

워 **샹 위딩**. · 我想预定。

이화원에 가고 싶어요.

Wǒ xiǎng qù Yíhéyuán.

워 **샹 취 이허**위엔. · 我想去颐和园。

훠궈를 먹고 싶어요.

Wǒ xiǎng chī huǒguō.

워 **샹 츠 훠**궈. · 我想吃火锅。

아메리카노를 마시고 싶어요.

Wǒ xiǎng hē měishì kāfēi.

워 **샹 허 메**이스 **카페이**. · 我想喝美式咖啡。

경극을 보고 싶어요.

Wǒ xiǎng kàn Jīngjù.

워 **샹 칸 징쮜**. · 我想看京剧。

🎧 MP3 **00-06**

빈방 있어요?

Yǒu kōng fángjiān ma?

요 **콩 팡**지엔 마? · 有空房间吗?

두 사람 자리 있어요?

Yǒu liǎng ge zuòwèi ma?

요 **량** 거 **쭈오웨이** 마? · 有两个座位吗?

두통약 있어요?

Yǒu tóutòngyào ma?

요 토우**통야**오 마? · 有头痛药吗?

더 싼 거 있어요?

Yǒu gèng piányi de ma?

요 **껑** 피**엔**이 더 마? · 有更便宜的吗?

영어로 된 메뉴판 있어요?

Yǒu Yīngyǔ de càidān ma?

요 **잉**위 더 **차**이**딴** 마? · 有英语的菜单吗?

천천히 말씀해 주세요.

Qǐng màndiǎnr shuō.

칭 만디얼 **슈어**. · 请慢点儿说。

다시 한번 말씀해 주세요.

Qǐng zài shuō yí biàn.

칭 **짜**이 **슈어** 이**비**엔. · 请再说一遍。

사진 좀 찍어 주세요.

Qǐng bāng wǒ pāi zhàopiàn.

칭 **빵** 워 파이 **짜**오 **피**엔. · 请帮我拍照片。

택시 좀 불러 주세요.

Qǐng jiào yí liàng chūzūchē.

칭 **찌**아오 이 **량** 추주처. · 请叫一辆出租车。

에어컨 좀 켜 주세요.

Qǐng dǎkāi kōngtiáo.

칭 **다**카이 **콩**티아오. · 请打开空调。

~해도 돼요?

Kěyǐ ~ ma?

MP3 00-08

입어 봐도 돼요?

Kěyǐ shìshi ma?

커이 스스 마? · 可以试试吗?

여기에서 사진 찍어도 돼요?

Kěyǐ zài zhèr pāizhào ma?

커이 짜이 쩔 파이짜오 마? · 可以在这儿拍照吗?

들어가도 돼요?

Kěyǐ jìnqù ma?

커이 찐취 마? · 可以进去吗?

자리를 바꿔도 돼요?

Kěyǐ huàn ge wèizi ma?

커이 환 거 웨이즈 마? · 可以换个位子吗?

신용카드로 지불해도 되나요?

Kěyǐ yòng xìnyòngkǎ jiézhàng ma?

커이 용 신용카 지에짱 마? · 可以用信用卡结账吗?

🎧 MP3 00-09

어디에서 찾을 수 있어요?

Zài nǎr kěyǐ zhǎo?

짜이 날 커이 자오? · 在哪儿可以找?

어디에서 표를 살 수 있어요?

Zài nǎr kěyǐ mǎi piào?

짜이 날 커이 마이 피아오? · 在哪儿可以买票?

어디에서 자전거를 대여할 수 있어요?

Zài nǎr kěyǐ zūjiè zìxíngchē?

짜이 날 커이 쭈지에 쯔싱처? · 在哪儿可以租借自行车?

어디에서 짐을 보관할 수 있어요?

Zài nǎr kěyǐ cún xíngli?

짜이 날 커이 춘 씽리? · 在哪儿可以存行李?

어디에서 배를 탈 수 있어요?

Zài nǎr kěyǐ zuò chuán?

짜이 날 커이 쭈오 촨? · 在哪儿可以坐船?

🎧 MP3 00-10

언제 도착해요?

Shénmeshíhòu dàodá?

셴머스**허**우 **따**오다? · 什么时候到达?

언제 문을 열어요?

Shénmeshíhòu kāi mén?

셴머스**허**우 **카**이 **먼**? · 什么时候开门?

언제 문을 닫아요?

Shénmeshíhòu guān mén?

셴머스**허**우 **꽌 먼**? · 什么时候关门?

조식은 언제 시작해요?

Shénmeshíhòu zǎocān kāishǐ?

셴머스**허**우 **짜**오찬 **카**이스? · 什么时候早餐开始?

체크아웃은 언제 해야 해요?

Shénmeshíhòu xūyào tuìfáng?

셴머스**허**우 **쉬**야오 **투**이팡? · 什么时候需要退房?

🎧 MP3 00-11

거기에 어떻게 가요?

Qù nàr zěnme zǒu?

취 날 쩐머 조우? · 去那儿怎么走?

기차역에는 어떻게 가요?

Qù huǒchēzhàn zěnme zǒu?

취 훠처짠 쩐머 조우? · 去火车站怎么走?

어떻게 사용하는 거예요?

Zěnme yòng?

쩐머 용? · 怎么用?

어떻게 먹어요?

Zěnme chī?

쩐머 츠? · 怎么吃?

분실물은 어떻게 찾아요?

Shīwù zěnme zhǎo?

스우 쩐머 자오? · 失物怎么找?

발음 듣기용

회화 연습용

초간단 기본표현

가장 많이 쓰는 표현 Best 3

❶
감사합니다.
Xièxie.

❷
뭐 하나 물어볼게요.
Qǐng wèn yíxià.

❸
한 번 더 말씀해 주세요.
Qǐng zài shuō yíbiàn.

✈ 인사하기

안녕하세요.

Nǐ hǎo.

니하오. · 你好。

안녕하세요. (아침)

Zǎoshàng hǎo.

짜오상 하오. · 早上好。

안녕하세요. (점심)

Xiàwǔ hǎo.

시아우 하오. · 下午好。

안녕하세요. (저녁)

Wǎnshàng hǎo.

완상 하오. · 晚上好。

잘 자요.

Wǎn ān.

완 안. · 晚安。

처음 뵙겠습니다.

Chūcì jiàn miàn.

추츠 찌엔 미엔. · 初次见面。

만나서 반갑습니다.

Rènshi nǐ hěn gāoxìng.

런스 니 헌 **까오씽**. · 认识你很高兴。

안녕히 가세요.

Zàijiàn.

짜이찌엔. · 再见。

나중에 봐요.

Yíhuìr jiàn.

이**훨 찌**엔. · 一会儿见。

좋은 하루 보내세요.

Zhù nǐ jīntiān yúkuài.

쭈 니 **진티엔** 위콰이. · 祝你今天愉快。

✈️ 감사 인사

감사합니다.

Xièxie.

씨에씨에. · 谢谢。

정말 감사합니다.

Fēicháng gǎnxiè.

페이창 깐씨에. · 非常感谢。

천만에요.

Búkèqi.

부커치. · 不客气。

도와주셔서 감사합니다.

Duōxiè nǐ de bāngmáng.

뚜오씨에 니 더 빵망. · 多谢你的帮忙。

수고하셨습니다.

Xīnkǔ le.

씬쿨 러. · 辛苦了。

✈ 사과하기

미안합니다.

Duìbuqǐ.

뚜이부치. · 对不起。

정말 죄송했습니다.

Hěn bàoqiàn.

헌 **빠**오**치**엔. · 很抱歉。

괜찮아요.

Méi guānxi.

메이 **꽌**시. · 没关系。

폐를 끼쳤습니다.

Máfan nǐ le.

마판 닐 러. · 麻烦你了。

너그럽게 봐주세요.

Qǐng yuánliàng.

칭 위엔**량**. · 请原谅。

✈ 긍정 표현

네.

Shì.

스. · 是。

좋아요.

Hǎo.

하오. · 好。

물론이죠.

Dāngrán.

땅란. · 当然。

저도 그렇게 생각해요.

Wǒ yě zhème xiǎng.

워 예 쩌머 샹. · 我也这么想。

좋은 생각이에요.

Nà shì ge hǎo zhǔyi.

나 스 거 하오 주이. · 那是个好主意。

✈ 부정 표현

아니요.

Bú shì.

부스. · 不是。

됐어요. / 필요 없어요.

Bú yào le.

부 **야**오 러. · 不要了。

잘 모르겠어요.

Wǒ bù zhīdào.

워 **뿌 쯔다**오. · 我不知道。

안 돼요.

Bù xíng.

뿌씽. · 不行。

이해할 수 없어요.

Wǒ bù míngbai.

워 **뿌 밍**바이. · 我不明白。

✈️ 도움 청하기

좀 도와주시겠어요?

Nǐ néng bāng wǒ yíxià ma?

니 능 **빵** 워 이시아 마? · 你能帮我一下吗?

지금 시간 괜찮으세요?

Nǐ xiànzài yǒu kòng ma?

니 **시엔짜이** 요 **콩** 마? · 你现在有空吗?

뭐 하나 물어볼게요.

Qǐng wèn yíxià.

칭 **원** 이시아. · 请问一下。

확인 좀 해 주세요.

Qǐng quèrèn yíxià.

칭 **취에런** 이시아. · 请确认一下。

짐 좀 들어 주시겠어요?

Nǐ néng bāng wǒ tí xíngli ma?

니 능 **빵** 워 **티 씽**리 마? · 你能帮我提行李吗?

✈ 중국어를 못해요

기본표현

중국어는 못해요.

Wǒ bú huì shuō Hànyǔ.

워 부훼이 **슈어** 한위. · 我不会说汉语。

천천히 말씀해 주세요.

Qǐng mànmār shuō.

칭 **만말 슈어**. · 请慢慢儿说。

한 번 더 말씀해 주세요.

Qǐng zài shuō yíbiàn.

칭 **짜이 슈어** 이비엔. · 请再说一遍。

죄송하지만, 여기에 적어 주세요.

Máfan nǐ xiě zài zhèr ba.

마판 니 **시에짜이 쩔** 바. · 麻烦你写在这儿吧。

중국어를 조금 할 줄 알아요.

Wǒ huì shuō yìdiǎndiǎn Hànyǔ.

워 **훼이 슈어 이디엔디엔** 한위. · 我会说一点点汉语。

39

난징동루

동방명주

신천지

⊙ Ürümqi

SICHUAN

BANGLADESH

Kunmin

YUNNAN

★ 그 곳 에 가 고 싶 다 ★

Shanghai 상하이

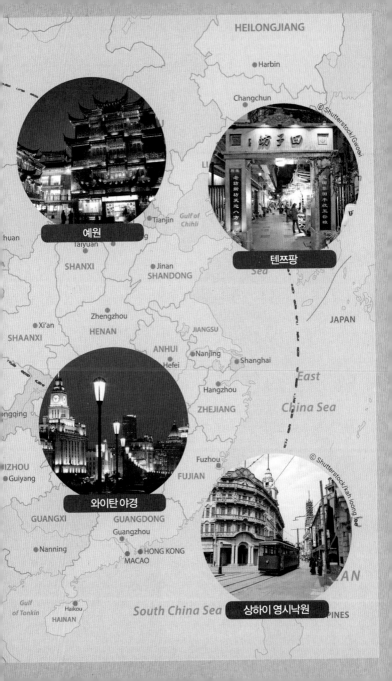

예원

톈쯔팡

와이탄 야경

상하이 영시낙원

발음 듣기용

회화 연습용

2
★enjoy★

기내에서

가장 많이 쓰는 표현 Best 3

❶
좀 지나갈게요.
Qǐng ràng wǒ guòqù.

❷
쇠고기로 주세요.
Wǒ yào niúròu.

❸
한 잔 더 주시겠어요?
Qǐng zài lái yì bēi.

✈ 자리 찾기

제 좌석이 어디죠?

Wǒ de zuòwèi zài nǎr?

워 더 쭈오웨이 짜이 날? ‧ 我的座位在哪儿?

🔊 탑승권을 보여 주시겠습니까?

Qǐng gěi wǒ kàn yíxià nín de dēngjīpái.

칭 게이 워 칸이시아 닌 더 떵지파이. ‧ 请给我看一下您的登机牌。

🔊 이쪽으로 오세요.

Qǐng zhèbiān lái.

칭 쩌비엔 라이. ‧ 请这边来。

좀 지나갈게요.

Qǐng ràng wǒ guòqù.

칭 랑 워 꿔취. ‧ 请让我过去。

거기는 제 자리인데요.

Nà shì wǒ de zuòwèi.

나 스 워 더 쭈오웨이. ‧ 那是我的座位。

44

✈ 승무원에게 필요한 것 말하기

저기요. (승무원을 부를 때)

Dǎrǎo yíxià.

다라오 이시아. · 打扰一下。

담요 좀 주세요.

Qǐng gěi wǒ yì zhāng tǎnzi.

칭 게이 워 **이 장 탄즈**. · 请给我一张毯子。

면세품 살 수 있어요?

Kěyǐ mǎi miǎnshuìpǐn ma?

커이 마이 **미엔수이핀** 마? · 可以买免税品吗?

한국 신문 있나요?

Yǒu méiyǒu Hánwén bàozhǐ?

요 메이요 **한원 빠오즈**? · 有没有韩文报纸?

소화제 좀 주세요.

Qǐng gěi wǒ xiāohuàyào.

칭 게이 워 **샤오화야오**. · 请给我消化药。

단어만 알아도 통한다!

신문

bàozhǐ
빠오즈 · 报纸

잡지

zázhì
짜즈 · 杂志

이어폰

ěrjī
얼지 · 耳机

담요

tǎnzi
탄즈 · 毯子

티슈

miànzhǐ
미엔즈 · 面纸

안대

yǎnzhào
옌짜오 · 眼罩

목베개

jǐngzhěn
징쩐 · 颈枕

구명 재킷

jiùshēngyī
찌우셩이 · 救生衣

✈ 기내식 먹기

식사 때 깨워 주세요.

Yòng cān shí qǐng jiàoxǐng.

용 찬 스 칭 찌아오씽. · 用餐时请叫醒。

식사는 필요 없어요.

Wǒ bù chī fàn.

워 뿌 츠 판. · 我不吃饭。

🔊 **쇠고기와 닭고기 중 어느 것으로 하시겠습니까?**

Nín yào niúròu háishi jīròu?

닌 야오 니우로우 하이스 지로우? · 您要牛肉还是鸡肉?

쇠고기로 주세요.

Wǒ yào niúròu.

워 야오 니우로우. · 我要牛肉。

🔊 **앞 테이블을 내려 주시겠어요?**

Qǐng nǐ dǎkāi xiǎozhuōbǎn.

칭 니 다카이 샤오쭈어반. · 请你打开小桌板。

🔊 커피 드릴까요, 차 드릴까요?

Nǐ yào kāfēi háishi chá?

니 **야**오 **카페이** 하이스 **차**? · 你要咖啡还是茶?

음료는 뭐가 있나요?

Yǒu shénme yǐnliào?

요 션머 인**랴**오? · 有什么饮料?

물도 한 컵 주세요.

Hái gěi wǒ yì bēi shuǐ.

하이 게이 **워 이 뻬이 쉐**이. · 还给我一杯水。

한 잔 더 주시겠어요?

Qǐng zài lái yì bēi.

칭 **짜**이라이 **이 뻬이**. · 请再来一杯。

🔊 식사 다 하셨습니까?

Chī wán le ma?

츠 완 러 마? · 吃完了吗?

	오렌지주스	**chéngzhī** 청즈 · 橙汁
	맥주	**píjiǔ** 피지우 · 啤酒
	우유	**niúnǎi** 니우나이 · 牛奶
	콜라	**kělè** 컬러 · 可乐
	녹차	**lǜchá** 뤼차 · 绿茶
	커피	**kāfēi** 카페이 · 咖啡
	와인	**pútáojiǔ** 푸타오지우 · 葡萄酒
	물	**shuǐ** 쉐이 · 水

✈ 기내에서 아플 때

몸이 안 좋아요.

Wǒ shēntǐ bú tài shūfu.

워 **션티** 부**타**이 **슈**푸. · 我身体不太舒服。

배가 아파요.

Wǒ dùzi téng.

워 **뚜**즈 **텅**. · 我肚子疼。

두통약 있어요?

Yǒu tóutòngyào ma?

요 **토**우**통야**오 마? · 有头痛药吗?

멀미약 좀 주세요.

Qǐng gěi wǒ yùnjīyào.

칭 **게**이 워 **윈지야**오. · 请给我晕机药。

구토 봉투 있어요?

Yǒu méiyǒu ǒutùdài?

요 메이요 **오투따**이? · 有没有呕吐袋?

50

| 두통 | **tóutòng** 토우통 · 头痛 |

| 복통 | **dùzitòng** 뚜즈통 · 肚子痛 |

| 구토 | **ǒutù** 오우투 · 呕吐 |

| 생리통 | **tòngjīng** 통징 · 痛经 |

| 호흡 곤란 | **hūxīkùnnan** 후씨쿤난 · 呼吸困难 |

| 아프다 | **tòng** 통 · 痛 |

| 춥다 | **lěng** 렁 · 冷 |

| 비행기 멀미를 하다 | **yùnjī** 윈지 · 晕机 |

✈ 입국신고서 작성하기

어떻게 작성하는지 가르쳐 주세요.

Qǐng gàosu wǒ zěnme xiě.

칭 **까**오수 워 **쩐**머 시에. · 请告诉我怎么写。

여기에 무엇을 써야 하나요?

Zài zhèr xiě shénme?

짜이 **쩔** 시에 **션**머? · 在这儿写什么?

이렇게 쓰면 되나요?

Zhème xiě kěyǐ ma?

쩌머 시에 **커**이 마? · 这么写可以吗?

한 장 더 주세요.

Qǐng zài lái yì zhāng.

칭 **짜**이라이 **이 장**. · 请再来一张。

저 대신 써 주실래요?

Máfan nǐ bāng wǒ xiě hǎo ma?

마판 니 **빵** 워 시에 **하오** 마? · 麻烦你帮我写好吗?

52

출입국신고서 작성하기

입국신고서

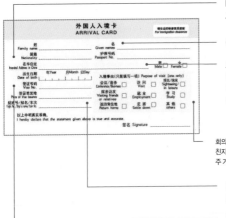

KOREA 또는 韓国이라 고 적는다.

여권과 동일하게 적는다.

호텔 등의 주소를 적는 다. 정확한 주소를 모른 다면 성, 도시, 구, 호텔명 정도만이라도 기입하자.

중국 입국 목적

회의/비즈니스	방문 관광/휴식
친지, 친구 방문	취업 학업
주 거주지로 돌아감	정착 기타

항공권에 나와 있는 것을 보고 적으면 된다.

여권에 부착된 비자 우측 상단의 붉은색 번호

출국신고서

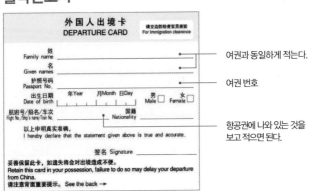

여권과 동일하게 적는다.

여권 번호

항공권에 나와 있는 것을 보고 적으면 된다.

798 예술 거리

만리장성

이화원

● Ürümqi

ANSU

ining

SICHUAN

BANGLADESH

Kunmin

YUNNAN

★ 그 곳 에 가 고 싶 다 ★

Beijing 베이징

자금성

천안문 광장

반가원 골동품 시장

왕부정 거리

발음 듣기용

회화 연습용

3
★enjoy★

공항에서

가장 많이 쓰는 표현 Best 3

❶
국제선 터미널은 어디예요?
Guójì hángzhànlóu zài nǎr?

❷
출장 왔습니다.
Wǒ lái chūchāi.

❸
환전하려고 하는데요.
Wǒ yào huànqián.

중국 입국 절차

1 중국 도착

2 입국 심사

3 여권, 비자 확인

4 사진 촬영

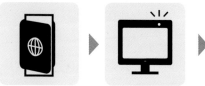

입국신고서와 함께
제출한다.

5 수하물 찾기

6 신고서 제출

7 입국

신고할 물품이 있을 때만
작성하여 제출한다.

✈ 탑승 수속하기

국제선 터미널은 어디예요?

Guójì hángzhànlóu zài nǎr?

궈지 항짠로우 짜이 날? • 国际航站楼在哪儿?

🔊 부치실 짐이 있습니까?

Yǒu méiyǒu xíngli tuōyùn?

요 메이요 씽리 투어윈? • 有没有行李托运?

몇 번 게이트로 탑승하죠?

Wǒ cóng jǐ hào dēngjīkǒu shàng fēijī?

워 총 지 하오 떵지코우 상 페이지? • 我从几号登机口上飞机?

🔊 좌석은 통로쪽, 창가쪽 어디로 하시겠습니까?

Nín yào kào guòdào de háishì kào chuānghù de?

닌 야오 카오 꿔따오더 하이스 카오 촹후더? •
您要靠过道的还是靠窗户的?

🔊 곧 탑승을 시작하겠습니다.

Mǎshàng kāishǐ dēngjī.

마상 카이스 떵지. • 马上开始登机。

🎧 MP3 03-02

✈ 입국 심사

🔊 여권을 보여 주시겠어요?

Qǐng chūshì hùzhào.

칭 추스 후자오. · 请出示护照。

🔊 방문 목적은 무엇입니까?

Lái Zhōngguó de mùdì shì shénme?

라이 쭝궈 더 무디 스 션머? · 来中国的目的是什么?

관광차 왔어요.

Wǒ lái guānguāng.

워 라이 관광. · 我来观光。

출장 왔습니다.

Wǒ lái chūchāi.

워 라이 추차이. · 我来出差。

🔊 입국신고서를 보여 주세요.

Qǐng chūshì rùjìngdēngjìkǎ.

칭 추스 루징떵지카. · 请出示入境登记卡。

🔊 어디에 머물 예정인가요?

Nín dǎsuàn zhù nǎr?

닌 다**쑤**안 쭈 날? · 您打算住哪儿?

힐튼 호텔에서요.

Wǒ zhù zài Xī'ěrdùn dàjiǔdiàn.

워 **쭈** 짜이 **씨**얼뚠 **따**지우띠엔. · 我住在希尔顿大酒店。

✈ 공항에서

친구네 집에서요.

Wǒ zài péngyou nàr zhù.

워 짜이 **펑**요 날 **쭈**. · 我在朋友那儿住。

🔊 중국에 얼마나 머물 예정입니까?

Nǐ zài Zhōngguó dāi duōjiǔ?

니 **짜**이 **쭝**궈 **따**이 **뚜어**지우? · 你在中国呆多久?

5일간이요.

Dāi wǔ tiān.

따이 우 **티엔**. · 呆5天。

Tip 이틀	liǎng tiān [량 티엔]
사흘	sān tiān [싼 티엔]
5일	wǔ tiān [우 티엔]
일주일	yí ge xīngqī [이거 씽치]
열흘	shí tiān [스 티엔]
한 달	yí ge yuè [이거 위에]

관광	**guānguāng**
	꽌광 · 观光

사업	**zuò shēngyì**
	쭈오 셩이 · 做生意

신혼여행	**mìyuè lǚyóu**
	미위에 뤼요 · 蜜月旅游

공부	**xuéxí**
	쉬에시 · 学习

휴가	**xiūjià**
	시우지아 · 休假

여행	**lǚyóu**
	뤼요 · 旅游

친척방문	**tànqīn**
	탄친 · 探亲

출장	**chūchāi**
	추차이 · 出差

✈ 수하물 찾기

짐은 어디에서 찾나요?

Zài nǎr qǔ xíngli?

짜이 날 **취 씽**리? · 在哪儿取行李?

🔊 무슨 항공편으로 오셨나요?

Nín zuò nǎ ge hángbān lái de?

닌 **쭈**오 **나**거 항**빤** 라이 더? · 您坐哪个航班来的?

좀 도와주세요.

Néng bāngmáng yíxià ma?

능 **빵**망 이**시**아 마? · 能帮忙一下吗?

제 짐을 찾을 수가 없어요.

Wǒ de xíngli bújiàn le.

워 더 **씽**리 부**지**엔 러. · 我的行李不见了。

제 짐이 아직 안 나왔어요.

Wǒ de xíngli háiméi chūlái.

워 더 **씽**리 **하이**메이 출라이. · 我的行李还没出来。

✈ 세관 검사

🔊 특별히 신고할 물건이 있습니까?

Nǐ yǒu shénme dōngxi yào shēnbào de ma?

니 요 선머 **똥**시 야오 **션빠**오 더 마? · 你有什么东西要申报的吗?

없습니다.

Méiyǒu.

메이요. · 没有。

🔊 캐리어 안에는 뭐가 들어 있죠?

Xiāngzi lǐ yǒu shénme dōngxi?

샹즈 리 요 선머 **똥**시? · 箱子里有什么东西?

개인적인 용품들이에요.

Dōushì wǒ gèrén de yòngpǐn.

또우스 워 **꺼**런 더 **용**핀. · 都是我个人的用品。

🔊 가방을 열어 주시겠어요?

Qǐng dǎkāi xíngli.

칭 **다**카이 **씽**리. · 请打开行李。

✈ 환전하기

환전하는 곳은 어디예요?

Zài nǎr kěyǐ huànqián?

짜이 날 커이 환치엔? · 在哪儿可以换钱？

환전하려고 하는데요.

Wǒ yào huànqián.

워 야오 환치엔. · 我要换钱。

🔊 돈은 어떻게 드릴까요?

Qián zěnme gěi nín?

치엔 쩐머 게이 닌? · 钱怎么给您？

100원이랑 10원으로 주세요.

Qǐng gěi wǒ yìbǎi yuán hé shí yuán de zhǐbì.

칭 게이 워 이바이 위엔 허 스 위엔 더 즈삐. ·
请给我100元和10元的纸币。

10원을 동전으로 바꿔 주세요.

Qǐng bǎ shí kuài qián huànchéng yìngbì.

칭 바 스 콰이 치엔 환청 잉삐. · 请把10块钱换成硬币。

65

✈ 면세품 사기

면세점은 여기에서 멀어요?

Miǎnshuìdiàn lí zhèr yuǎn ma?

미엔수이디엔 리 **쩔** 위엔 마? · 免税店离这儿远吗?

달러로 지불할 수 있나요?

Kě bukěyǐ yòng měiyuán fùqián?

커 부커이 **용** 메이위엔 **푸** 치엔? · 可不可以用美元付钱?

원으로 하면 얼마예요?

Yòng hánbì duōshao qián?

용 한삐 뚜어샤오 치엔? · 用韩币多少钱?

신용카드로 계산할 수 있어요?

Kěyǐ yòng xìnyòngkǎ jiézhàng ma?

커이 용 신용카 지에짱 마? · 可以用信用卡结账吗?

🗣 죄송하지만, 품절입니다.

Duìbuqǐ, mài wán le.

뚜이부치, 마이 완 러. · 对不起, 卖完了。

66

중국 화폐 익히기

100元 yībǎi yuán [이바이 위엔]

50元 wǔshí yuán [우스 위엔]

20元 èrshí yuán [얼스 위엔]

10元 shí yuán [스 위엔]

5元 wǔ yuán [우 위엔]

1元 yī yuán [이 위엔]

1元 yī yuán [이 위엔]

5角 wǔ jiǎo [우 지아오]

1角 yī jiǎo [이 지아오]

대안탑

시안 성벽

산시 역사 박물관

병마용갱

★ 그 곳 에 가 고 싶 다 ★

Xi'an 시안

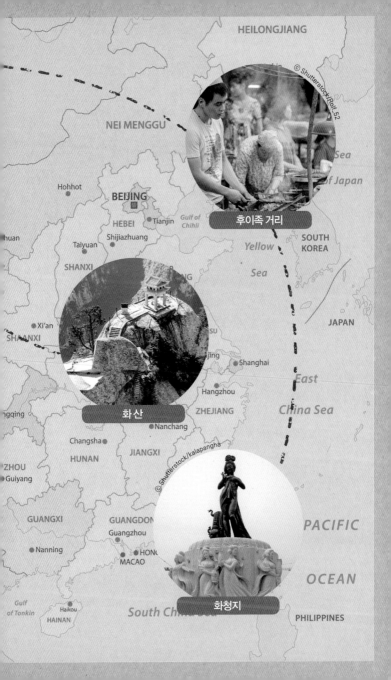

후이족 거리

화산

화청지

발음 듣기용

회화 연습용

호텔에서

가장 많이 쓰는 표현 Best 3

❶

체크인 해 주세요.

Qǐng bànlǐ rùzhù shǒuxù.

❷

와이파이 비밀번호가 뭐예요?

Wúxiànwǎng de mìmǎ shì shénme?

❸

체크아웃 부탁합니다.

Wǒ yào tuìfáng.

✈ 체크인 하기

체크인 해 주세요.

Qǐng bànlǐ rùzhù shǒuxù.

칭 빤리 **루주** 쇼우쉬. · 请办理入住手续。

🔊 예약은 하셨나요?

Nín yùdìng le ma?

닌 **위딩** 러 마? · 您预定了吗?

네, 제 이름은 최수지입니다.

Shì, wǒ jiào CHOI SU JI.

스, 워 **찌**아오 CHOI SU JI. · 是, 我叫 CHOI SU JI。

🔊 이 서류를 작성해 주세요.

Qǐng tiánhǎo zhè zhāng biǎo.

칭 **티엔**하오 쩌 장 **비아**오. · 请填好这张表。

🔊 여기, 방 열쇠입니다.

Zhè shì nǐ de fángkǎ.

쩌 스 니 더 **팡카**. · 这是你的房卡。

중국 숙박 예약 사이트

취날
www.qunar.com (중국어)

씨트립
www.ctrip.co.kr (한국어)

익스피디아
www.expedia.co.kr (한국어)

호스텔월드
www.hostelworld.com (한국어)

아고다
www.agoda.com/ko-kr (한국어)

중국 유스호스텔 연맹
www.yhachina.com (영어)

호텔스컴바인
www.hotelscombined.com (한국어)

부킹닷컴
www.booking.com (한국어)

✈️ 숙소를 예약하지 않았을 때

빈 방 있나요?

Yǒu kōng fángjiān ma?

요 콩 팡**지엔** 마? · 有空房间吗?

🔊 어떤 방을 원하세요?

Nín yào shénmeyàng de fángjiān?

닌 **야**오 션머**양** 더 팡**지엔**? · 您要什么样的房间?

싱글룸으로 주세요.

Wǒ yào dānrénjiān.

워 **야**오 **딴**런**지엔**. · 我要单人间。

> **Tip** 싱글룸 dānrénjiān [딴런지엔]
> 더블룸 dài yí ge shuāngrénchuáng
> [따이 이거 솽런촹]
> 트윈룸 dài liǎng ge dānrénchuáng
> [따이 량거 딴런촹]

1박에 얼마예요?

Zhù yì tiān duōshao qián?

쭈 이 **티**엔 **뚜어**샤오 치엔? · 住一天多少钱?

좀 더 싼 방은 없나요?

Yǒu méiyǒu gèng piányi de fángjiān?

요 메이요 껑 피엔이 더 팡**지엔**? · 有没有更便宜的房间?

✈ 룸서비스, 편의시설 이용하기

룸서비스 연결해 주세요.

Qǐng zhuǎn kèfáng fúwù.

칭 **쭈완 커**팡**푸우.** · 请转客房服务。

비누와 샴푸를 더 가져다 주시겠어요?

Qǐng zài gěi wǒ féizào hé xǐfàjīng.

칭 **짜**이 게이 워 페이**짜**오 허 시**파징.** · 请再给我肥皂和洗发精。

얼음이랑 물 한잔 좀 주세요.

Qǐng gěi wǒ yì bēi shuǐ hé bīngkuàir.

칭 게이 워 **이 뻬이 쉐**이 허 **삥콸.** · 请给我一杯水和冰块儿。

아침 7시 모닝콜을 부탁합니다.

Wǒ xiǎng yào zǎochén qī diǎn de jiàoxǐng fúwù.

워 **샹 야**오 **짜오천 치** 디엔 더 **찌아오씽 푸우.** ·
我想要早晨7点的叫醒服务。

🔊 **방 호수를 말씀해 주세요.**

Qǐng gàosu wǒ nín de fángjiān hàomǎ.

칭 **까오**수 워 **닌** 더 팡**지엔 하오마.** · 请告诉我您的房间号码。

택시를 불러 주시겠어요?

Néng bunéng bāng wǒ jiào chūzūchē?

능 뿌능 빵 워 찌아오 추주처? · 能不能帮我叫出租车?

세탁 서비스 돼요?

Yǒu méiyǒu xǐyī fúwù?

요 메이요 씨이 푸우? · 有没有洗衣服务?

수건을 바꿔 주시겠어요?

Huàn ge máojīn, hǎo ma?

환 거 마오진, 하오 마? · 换个毛巾, 好吗?

인터넷을 사용할 수 있나요?

Néng bunéng yòng wǎngluò?

능 뿌능 용 왕뤄? · 能不能用网络?

와이파이 비밀번호가 뭐예요?

Wúxiànwǎng de mìmǎ shì shénme?

우씨엔왕 더 미마 스 션머? · 无线网的密码是什么?

단어만 알아도 통한다!

수건

máojīn
미오진 · 毛巾

이불

bèizi
뻬이즈 · 被子

휴지

wèishēngzhǐ
웨이셩즈 · 卫生纸

면도기

tìxūdāo
티쉬따오 · 剃须刀

베개

zhěntou
전토우 · 枕头

헤어드라이어

chuīfēngjī
추이펑지 · 吹风机

칫솔

yáshuā
야슈아 · 牙刷

키 카드

fángkǎ
팡카 · 房卡

✈ 문제가 생겼어요

키 카드를 안에 두고 나왔어요.

Wǒ bǎ fángkǎ wàng zài fángjiān lǐ.

워 바 **팡카 왕 짜**이 **팡지엔** 리. · 我把房卡忘在房间里。

키 카드를 잃어버렸어요.

Wǒ bǎ fángkǎ nòng diū le.

워 바 **팡카 농 띠울** 러. · 我把房卡弄丢了。

202호입니다.

Zhè shì èr líng èr hào.

쩌 스 **얼링얼 하**오. · 这是202号。

텔레비전이 안 켜져요.

Diànshìjī dǎbukāi.

띠엔스지 따부카이. · 电视机打不开。

너무 시끄러워요.

Tài chǎo le.

타이 **차올** 러. · 太吵了。

시트가 더러워요.

Chuángdān yǒu diǎnr zāng.

촹딴 요디얼 짱. · 床单有点儿脏。

방이 너무 추워요.

Fángjiān tài lěng.

팡지엔 타이 렁. · 房间太冷。

에어컨이 고장 난 것 같은데요.

Hǎoxiàng kōngtiáo huài le.

하오샹 콩티아오 화일 러. · 好像空调坏了。

뜨거운 물이 안 나와요.

Xiànzài méiyǒu rèshuǐ.

시엔짜이 메이요 러쉐이. · 现在没有热水。

화장실 물이 잘 안 내려가요.

Mǎtǒng dǔ le.

마퉁 뚤 러. · 马桶堵了。

✈ 체크아웃 하기

체크아웃은 몇 시까지예요?

Dào jǐ diǎn yào tuìfáng?

따오 지디엔 야오 투이팡? · 到几点要退房?

체크아웃 부탁합니다.

Wǒ yào tuìfáng.

워 야오 투이팡. · 我要退房。

이건 무슨 요금입니까?

Zhè shì shénme fèiyòng?

쩌 스 션머 페이용? · 这是什么费用？

잘못된 것 같은데요.

Hǎoxiàng yǒu yì diǎn cuòwù.

하오샹 요 이디엔 추오우. · 好像有一点错误。

하루 더 있고 싶은데요.

Wǒ xiǎng zài zhù yì tiān.

워 샹 짜이 쭈 이 티엔. · 我想再住一天。

욕실	**yùshì** 위스 · 浴室
변기	**mǎtǒng** 마퉁 · 马桶
욕조	**yùchí** 위츠 · 浴池
샤워기	**línyùqì** 린위치 · 淋浴器
냉장고	**bīngxiāng** 삥샹 · 冰箱
수영장	**yóuyǒngchí** 요우용츠 · 游泳池
보증금	**yājīn** 야진 · 押金
피트니스 센터	**jiànshēn zhōngxīn** 지엔션 쫑신 · 健身中心

쑤저우 · 졸정원

쑤저우 · 산탕제

항저우 · 롱징차 밭

★ 그 곳 에 가 고 싶 다 ★

Hangzhou 항저우
Suzhou 쑤저우

쑤저우 · 호구 탑

항저우 · 시호

항저우 · 황산

항저우 · 인상서호 공연

HEILONGJIANG

Harbin

Changchun

JILIN

Tianjin
Gulf of
Chihli

HEBEI

Shijiazhuang

Taiyuan

SHANXI

Jinan

SHANDONG

Zhengzhou

Xi'an

SHAANXI

JIANGSU

ANHUI

Nanjing

Shanghai

Hefei

Hangzhou

ZHEJIANG

East
China Sea

nchang

GXI

Fuzhou

FUJIAN

ZHOU

Guiyang

GUANGXI

GUANGDONG

Guangzhou

Nanning

HONG KONG

MACAO

Gulf
of Tonkin

Haikou

HAINAN

South China Sea

JAPAN

PHILIPPINES

5

★enjoy★

이동 중에

가장 많이 쓰는 표현 Best 3

❶
버스 정류장은 어디예요?
Gōngjiāochēzhàn zài nǎr?

❷
거긴 어떻게 가요?
Qù nàr zěnme zǒu?

❸
걸어서 갈 수 있나요?
Kěyǐ zǒuzhe qù ma?

✈ 길 물어보기

길 좀 알려 주시겠어요?

Qǐng gàosu wǒ lùxiàn.

칭 **까**오수 워 **루씨**엔. · 请告诉我路线。

여기에 가고 싶은데요.

Wǒ xiǎng qù zhèr.

워 **샹 취 쩰**. · 我想去这儿。

상해 미술관을 찾고 있어요.

Wǒ zài zhǎo Shànghǎi měishùguǎn.

워 **짜**이 자오 **샹**하이 메이**슈**관. · 我在找上海美术馆。

이 길의 이름은 뭐예요?

Zhè tiáo lù jiào shénme míngzi?

쩌 티아오 **루 찌**아오 션머 **밍**쯔? · 这条路叫什么名字?

근처에 슈퍼가 있나요?

Zhèr fùjìn yǒu chāoshì ma?

쩰 푸진 요 **차오**스 마? · 这儿附近有超市吗?

86

단어만 알아도 통한다!

박물관	**bówùguǎn** 보우관 · 博物馆
미술관	**měishùguǎn** 메이슈관 · 美术馆
극장	**jùchǎng** 쥐창 · 剧场
경기장	**sàichǎng** 싸이창 · 赛场
국립공원	**guójiā gōngyuán** 궈지아 꿍위엔 · 国家公园
백화점	**bǎihuòdiàn** 바이훠띠엔 · 百货店
고궁	**gùgōng** 꾸궁 · 故宫
도서관	**túshūguǎn** 투슈관 · 图书馆

✈ 어디예요?

버스 정류장은 어디예요?

Gōngjiāochēzhàn zài nǎr?

꽁쟈오처잔 **짜**이 날? · 公交车站在哪儿?

가장 가까운 지하철역은 어디예요?

Lí zhèr zuì jìn de dìtiězhàn zài nǎr?

리 **쩔** 쭈이 찐 더 **띠티에짠 짜**이 날? · 离这儿最近的地铁站在哪儿?

출구는 어디예요?

Chūkǒu zài nǎr?

추코우 **짜**이 날? · 出口在哪儿?

상해 박물관은 어디에 있어요?

Shànghǎi bówùguǎn zài nǎr?

상하이 보우관 **짜**이 날? · 上海博物馆在哪儿?

주차장이 어디예요?

Tíngchēchǎng zài nǎr?

팅처창 **짜**이 날? · 停车场在哪儿?

✈ 어떻게 가요?

거긴 어떻게 가요?

Qù nàr zěnme zǒu?

취 날 쩐머 조우? · 去那儿怎么走?

동방명주는 어떻게 가나요?

Dào Dōngfāngmíngzhū zěnme zǒu?

따오 똥팡밍주 쩐머 조우? · 到东方明珠怎么走?

여기에서 멀어요?

Lí zhèr yuǎn ma?

리 쩔 위엔 마? · 离这儿远吗?

얼마나 걸려요?

Xūyào duōcháng shíjiān?

쉬야오 뚜어창 스지엔? · 需要多长时间?

걸어서 갈수 있나요?

Kěyǐ zǒuzhe qù ma?

커이 조우저 취 마? · 可以走着去吗?

이동중에

89

길을 잃었어요

길을 잃었어요.

Wǒ mílù le.

워 미룰 러. · 我迷路了。

여기가 어디예요?

Zhè shì shénme dìfang?

쩌 스 션머 디팡? · 这是什么地方?

여기가 어디인지 모르겠어요.

Wǒ bù zhīdào zhè shì shénme dìfang.

워 뿌 쯔다오 쩌 스 션머 디팡. · 我不知道这是什么地方。

거기에 데려다 주시겠어요?

Dài wǒ qù nà ge dìfang, kěyǐ ma?

따이 워 취 나거 디팡, 커이 마? · 带我去那个地方, 可以吗?

이 지도에서 우리의 위치는 어디인가요?

Zhè ge dìtú shàng wǒmen xiànzài zài nǎlǐ?

쩌거 띠투 상 워먼 시엔짜이 짜이 날리? · 这个地图上我们现在在哪里?

중국 여행 필수 어플

Shanghai metro

언어 변경을 봉해 영어로 사용할 수 있으며, 베이징, 션쩐, 타이뻬이 등의 다른 도시 지하철 어플도 다 운로드할 수 있다.

Google Maps

여행 필수 어플 No. 1.
한글로도 검색 가능하다.

야후 날씨

실시간으로 날씨를 확인할 수 있다.

네이버 글로벌회화

9개 언어의 자주 쓰이는 여행 회화 표현들이 정리되어 있으며, 음성도 들을 수 있다.

콰이띠 다처

중국판 카카오 택시.

● Ürümqi

XINJIANG

러산 대불

GANSU

QINGHAI   Xining ●

주자이거우

© Shutterstock / Cylonphoto

里 錦

● Lhasa

UAN

BHUTAN

진리 거리

BANGLADESH   Kunmir

YUNNAN

★ 그 곳 에 가 고 싶 다 ★

Chengdu 청두

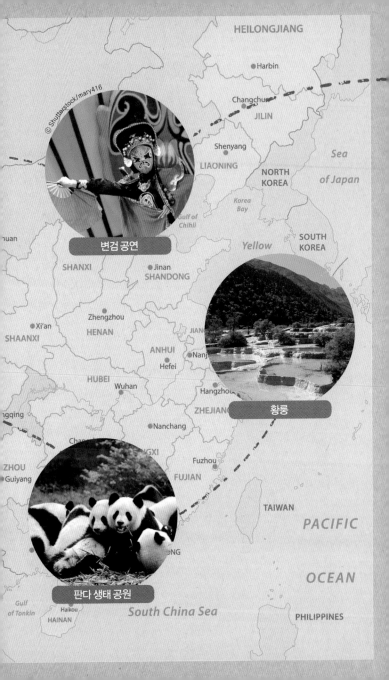

변검 공연

황룽

판다 생태 공원

발음 듣기용

회화 연습용

교통 이용하기

가장 많이 쓰는 표현 Best 3

❶
다음은 무슨 역이에요?
Xià yí zhàn shì shénme zhàn?

❷
내릴 역을 지나쳐 버렸어요.
Wǒ guò zhàn le.

❸
여기에서 세워 주세요.
Zài zhèr tíng yíxià.

✈ 지하철 이용하기

매표소는 어디에 있어요?

Shòupiàochù zài nǎr?

쇼피아오추 짜이 날? · 售票处在哪儿?

요금은 얼마예요?

Piàojià duōshao qián?

피아오지아 뚜어샤오 치엔? · 票价多少钱?

어느 출구로 나가야 하나요?

Cóng nǎ ge chūkǒu chūqù?

총 나거 추코 추취? · 从哪个出口出去?

다음은 무슨 역이에요?

Xià yí zhàn shì shénme zhàn?

시아 이 짠 스 션머 짠? · 下一站是什么站?

개찰구는 어디에 있어요?

Jiǎnpiàokǒu zài nǎr?

지엔피아오코우 짜이 날? · 检票口在哪儿?

3번 출구는 어디예요?

Sān chūkǒu zài nǎr?

싼 추코우 짜이 날? · 3出口在哪儿?

신천지역에 가려면 몇 호선을 타야 해요?

Qù Xīntiāndì zhàn zuò jǐ hào xiàn?

취 신티엔띠 짠 쭈오 지 하오 씨엔? · 去新天地站坐几号线?

어디에서 갈아타요?

Zài nǎr huànchéng?

짜이 날 환청? · 在哪儿换乘?

런민광창역에서 갈아타면 됩니다.

Zài Rénmínguǎngchǎng zhàn huànchéng.

짜이 런민광창 짠 환청. · 在人民广场站换乘。

지하철 노선도를 가져가도 돼요?

Dìtiě xiànlùtú, néng ná ma?

띠티에 씨엔루투, 능 나 마? · 地铁线路图,能拿吗?

교통수단

단어만 알아도 통한다!

지하철	**dìtiě** **띠**티에 · 地铁
매표소	**shòupiàochù** **쇼**피아오추 · 售票处
출구	**chūkǒu** **추**코우 · 出口
개찰구	**jiǎnpiàokǒu** **지엔피**아오코우 · 检票口
갈아타다	**huànchéng** **환청** · 换乘
무인매표기	**zìdòng shòupiàojī** **쯔동 쇼피**아오지 · 自动售票机
표	**piào** **피**아오 · 票
지하철 원데이 패스	**dìtiě yí rì piào** **띠**티에 이르 **피**아오 · 地铁一日票

✈ 버스 이용하기

🎧 MP3 06-02

와이탄에 가나요?

Qù Wàitān ma?

취 와이탄 마? · 去外滩吗?

🧑 갑니다.

Qù.

취. · 去。

🧑 안 갑니다.

Bú qù.

부취. · 不去。

티엔즈팡에 가는 버스는 몇 번이에요?

Qù Tiánzǐfáng zuò jǐ lù chē?

취 티엔즈팡 쭈오 지 루 처? · 去田子坊坐几路车?

🧑 17번 버스를 타세요.

Zuò shíqī lù.

쭈오 스치 루. · 坐17路。

버스 요금은 얼마예요?

Chēfèi duōshao qián?

처페이 뚜어샤오 치엔? · 车费多少钱?

교통수단

99

🔊 2원입니다.

Liǎng kuài.

량 콰이. · 两块。

마당루에서 내리고 싶은데요.

Wǒ yào zài Mǎdānglù xià chē.

워 야오 짜이 마당루 시아 처. · 我要在马当路下车。

🔊 이번에 내리세요.

Zhè yí zhàn xià chē.

쩌 이짠 시아 처. · 这一站下车。

🔊 내리실 분 계신가요?

Yǒu méiyǒu xià chē?

요 메이요 시아 처? · 有没有下车?

있어요!

Yǒu!

요우! · 有!

✈ 기차표 구입하기

베이징까지 얼마예요?

Dào Běijīng duōshao qián?

따오 베이징 뚜어샤오 치엔? · 到北京多少钱?

몇 시에 출발해요?

Jǐ diǎn chūfā?

지디엔 추파? · 几点出发?

좀 더 빨리 출발하는 것은 없나요?

Yǒu méiyǒu zǎo yìdiǎn de lièchē?

요 메이요 짜오 이디엔 더 리에처? · 有没有早一点的列车?

이 기차표를 취소할 수 있나요?

Zhè zhāng piào kě bukěyǐ qǔxiāo?

쩌 장 피아오 커 부커이 취시아오? · 这张票可不可以取消?

어른 2장, 어린이 1장 주세요.

Liǎng ge dàrén, yí ge xiǎo hái.

량거 따런, 이거 샤오하이. · 两个大人, 一个小孩。

Tip		
1개	yí ge	[이 거]
2개	liǎng ge	[량 거]
3개	sān ge	[싼 거]
4개	sì ge	[쓰 거]

교통수단

🔊 편도입니까, 왕복입니까?

Yào dānchéng háishì wǎngfǎn?

야오 **딴**청 하이스 **왕**판? · 要单程还是往返?

왕복입니다.

Wǎngfǎn.

왕판. · 往返。

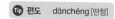
Tip 편도 dānchéng [딴청]

고속 열차로 주세요.

Gěi wǒ gāotiě de.

게이 워 **까오**티에 더. · 给我高铁的。

대합실이 어디죠?

Hòuchēshì zài nǎr?

호우처스 **짜**이 날? · 候车室在哪儿?

상하이행은 몇 번 홈에서 출발하죠?

Qù Shànghǎi de lièchē zài jǐ hào zhàntái chūfā?

취 **상**하이 더 **리에**처 **짜**이 **지** 하오 **짠**타이 **추파**? · 去上海的列车在几号站台出发?

102

✈ 기차 좌석 정하기

🔊 어떤 좌석으로 하시겠어요?

Nín yào shénmeyàng de zuòwèi?

닌 야오 션머양 더 쭈오웨이? · 您要什么样的座位?

침대차 표가 남아 있나요?

Yǒu méiyǒu wòpù piào?

요 메이요 워푸 피아오? · 有没有卧铺票?

딱딱한 침대 아래 칸으로 1장 주세요.

Yào yì zhāng yìngwò xiàpù.

야오 이 장 잉워 시아푸. · 要一张硬卧下铺。

🔊 위 칸밖에 안 남았는데요.

Zhǐyǒu shàngpù.

즈요 샹푸. · 只有上铺。

푹신한 침대 위 칸으로 1장 주세요.

Yào yì zhāng ruǎnwò shàngpù.

야오 이 장 루안워 샹푸. · 要一张软卧上铺。

교통수단

103

✈️ 문제가 생겼어요

표를 잃어버렸어요.

Wǒ bǎ piào diū le.

워 바 **피**아오 **띠**울 러. · 我把票丢了。

기차를 잘못 탔어요.

Wǒ zuò cuò huǒchē le.

워 **쭈**오추오 훠철 러. · 我坐错火车了。

열차를 놓쳤어요.

Wǒ méi gǎnshàng huǒchē.

워 메이 **깐**상 훠처. · 我没赶上火车。

내릴 역을 지나쳐 버렸어요.

Wǒ guò zhàn le.

워 **꿔 짠** 러. · 我过站了。

기차에 짐을 놓고 내렸어요.

Wǒ bǎ xíngli wàng zài huǒchē shàng.

워 바 **씽**리 **왕 짜**이 훠처상. · 我把行李忘在火车上。

104

단어만 알아도 통한다!

고속 열차	**gāotiě** **까오티에** · 高铁
일등석	**yìděngzuò** **이덩쭈오** · 一等座
이등석	**èrděngzuò** **얼덩쭈오** · 二等座
푹신한 좌석	**ruǎnzuò** **루안쭈오** · 软座
딱딱한 좌석	**yìngzuò** **잉쭈오** · 硬座
푹신한 침대	**ruǎnwò** **루안워** · 软卧
딱딱한 침대	**yìngwò** **잉워** · 硬卧
식당차	**cānchē** **찬처** · 餐车

✈️ 택시 이용하기

택시를 불러 주세요.

Qǐng jiào yí liàng chūzūchē.

칭 찌아오 이 **량 추주처** · 请叫一辆出租车。

공항까지 요금이 얼마나 나와요?

Dào jīchǎng yào duōshao qián?

따오 지창 야오 **뚜어**샤오 치엔? · 到机场要多少钱?

공항까지 시간이 얼마나 걸려요?

Dào jīchǎng xūyào duōcháng shíjiān?

따오 지창 쉬야오 **뚜어**창 스지엔? · 到机场需要多长时间?

이 주소로 가 주세요.

Qǐng dào zhè ge dìzhǐ.

칭 **따오 쩌**거 **띠**즈. · 请到这个地址。

여기에서 세워 주세요.

Zài zhèr tíng yíxià.

짜이 **쩔** 팅 이**시**아. · 在这儿停一下。

106

택시 타는 곳은 어디예요?

Qǐng wèn, chūzūchēzhàn zài nǎr?

칭원, 추주처잔 **짜**이 날? · 请问, 出租车站在哪儿?

트렁크를 열어 주세요.

Qǐng dǎkāi hòubèixiāng.

칭 **다**카이 **호우빼**이샹. · 请打开后备箱。

🚖 어디로 가십니까?

Nǐ qù nǎr?

니 **취** 날? · 你去哪儿?

힐튼 호텔까지 부탁합니다.

Qǐng dào Xī'ěrdùn dàjiǔdiàn.

칭 **따**오 씨얼뚠 **따**지우**띠**엔. · 请到希尔顿大酒店。

홍챠오역까지 가 주세요.

Qù Hóngqiáo zhàn ba.

취 홍챠오 **짠** 바. · 去虹桥站吧。

✈ 교통수단

107

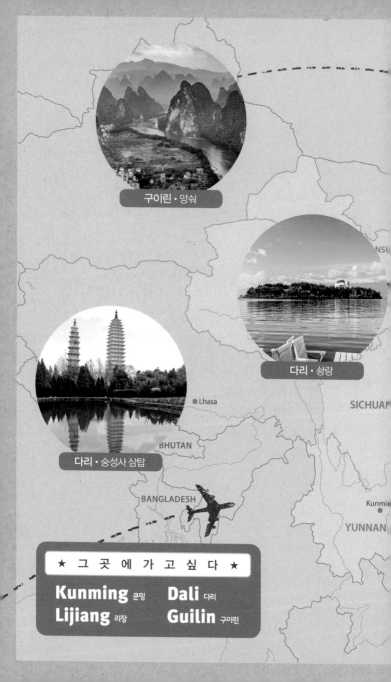

구이린 · 양쉬

다리 · 솽랑

다리 · 숭성사 삼탑

Lhasa

NSL

SICHUAN

BHUTAN

BANGLADESH

Kunmi

YUNNAN

★ 그 곳 에 가 고 싶 다 ★

Kunming 쿤밍　**Dali** 다리
Lijiang 리장　**Guilin** 구이린

리장 · 리장 고성

리장 · 위룽쉐 산

쿤밍 · 석림

쿤밍 · 원통사

발음 듣기용

회화 연습용

7
★enjoy★

식당·술집에서

가장 많이 쓰는 표현 Best 3

❶
메뉴를 보여 주세요.
Qǐng gěi wǒ kàn càidān.

❷
고수는 넣지 말아 주세요.
Bú yào fàng xiāngcài.

❸
가지고 갈 거예요.
Yào dàizǒu.

✈ 식당 예약하기

6시에 예약하고 싶은데요.

Wǒ yào yùdìng jīnwǎn liù diǎn de zuòwèi.

워 **야**오 위딩 찐완 리우디엔 더 **쭈**오웨이. · 我要预定今晚六点的座位。

🔊 몇 분이세요?

Jǐ wèi?

지 웨이? · 几位?

두 명이요.

Liǎng wèi.

량 웨이. · 两位。

Tip	한 명	yí wèi [이 웨이]
	세 명	sān wèi [싼 웨이]
	네 명	sì wèi [쓰 웨이]
	다섯 명	wǔ wèi [우 웨이]

금연석으로 주세요.

Wǒ yào jìnyānxí.

워 **야**오 찐옌씨. · 我要禁烟席。

| Tip | 흡연석 xīyānxí [씨옌시] |

예약을 변경하고 싶은데요.

Wǒ xiǎng yào gǎi yùdìng.

워 **샹** **야**오 가이 **위**딩. · 我想要改预定。

식당에 도착했을 때

🔊 **예약은 하셨나요?**

Nín yùdìng le ma?

닌 위딩 러 마? · 您预定了吗?

네, 오후 5시 예약입니다.

Shì de, xiàwǔ wǔdiǎn de.

스더, **시아우 우**디엔 더. · 是的, 下午五点的。

아뇨, 예약 안 했는데요.

Bù, wǒ méiyǒu yùdìng.

뿌, 워 **메**이요 위딩. · 不, 我没有预定。

두 사람인데 자리 있어요?

Liǎngge rén, yǒu zuòwèi ma?

량거 런, 요 **쭈오웨**이 마? · 两个人, 有座位吗?

🔊 **죄송하지만, 지금은 자리가 없습니다.**

Duìbuqǐ, xiànzài méi yǒu zuòwèi.

뚜이부치, **시**엔짜이 **메**이요 **쭈오웨**이. · 对不起, 现在没有座位。

113

✈️ 음식 주문하기

메뉴를 보여 주세요.

Qǐng gěi wǒ kàn càidān.

칭 게이 워 **칸 차**이딴. · 请给我看菜单。

🔊 주문하시겠습니까?

Xiànzài diǎn cài ma?

시엔짜이 디엔 **차**이 마? · 现在点菜吗?

지금 주문해도 돼요?

Xiànzài kěyǐ diǎn cài ma?

시엔짜이 **커**이 디엔 **차**이 마? · 现在可以点菜吗?

주문은 잠시 후에 할게요.

Děng yíhuìr zài diǎn cài ba.

덩 이**훨 짜**이 디엔 **차**이 바. · 等一会儿再点菜吧。

메뉴판을 다시 볼 수 있을까요?

Qǐng zài ná càidān, hǎo ma?

칭 **짜**이 나 **차**이딴, **하오**마? · 请再拿菜单, 好吗?

114

이건 뭔가요?

Zhè shì shénme cài?

쩌 스 션머 **차**이? · 这是什么菜?

그걸로 할게요.

Jiù yào nà ge le.

찌우 **야**오 나걸 러. · 就要那个了。

같은 걸로 주세요.

Gěi wǒ yíyàng de.

게이 워 이**양** 더. · 给我一样的。

음료는 뭘로 하시겠어요?

Nín yào shénme yǐnliào?

닌 **야**오 션머 인**랴**오? · 您要什么饮料?

더 필요하신 건 없습니까?

Hái xūyào shénme?

하이 **쉬야**오 션머? · 还需要什么?

그림이 있는 메뉴판 있어요?

Yǒu méiyǒu dài túpiàn de càidān?

요 메이요 따이 투피엔 더 **차이딴?** · 有没有带图片的菜单?

영어로 된 메뉴판 있어요?

Yǒu Yīngwén de càidān ma?

요 **잉**원 더 **차이딴** 마? · 有英文的菜单吗?

여기 점심 세트 메뉴가 있나요?

Zhèlǐ yǒu zhōngwǔ tàocān ma?

쩔리 요 **쭝**우 **타**오찬 마? · 这里有中午套餐吗?

고수는 넣지 말아 주세요.

Bú yào fàng xiāngcài.

부**야**오 팡 **샹차**이. · 不要放香菜。

밥 한 그릇 더 주세요.

Zài lái yì wǎn mǐfàn.

짜이 라이 **이** 완 **미**판. · 再来一碗米饭。

116

 문제가 생겼어요

더 기다려야 하나요?

Hái yào děng ma?

하이 **야**오 덩 마? · 还要等吗?

저기로 옮겨도 돼요?

Bān dào nàlǐ, kěyǐ ma?

빤 따오 **날**리, **커**이 마? · 搬到那里, 可以吗?

이건 제가 주문한 게 아닌데요.

Zhè bú shì wǒ diǎn de.

쩌 부스 워 **디**엔 더. · 这不是我点的。

젓가락을 떨어뜨렸어요.

Wǒ bǎ kuàizi nòng diào le.

워 바 **콰**이즈 눙 **띠**아올 러. ·
我把筷子弄掉了。

> **Tip** 젓가락 kuàizi [콰이즈]
> 숟가락 sháozi [샤오즈]
> 포크　chāzi [차즈]
> 나이프 cāndāo [찬따오]

머리카락이 나왔어요.

Wǒ fāxiàn cài lǐmiàn yǒu tóufa.

워 **파**시엔 **차**이 리**미**엔 요 **토**우파. · 我发现菜里面有头发。

✈ 계산하기

계산서 주세요.

Qǐng ná zhàngdān lái.

칭 나 **짱딴** 라이. · 请拿账单来。

계산을 따로 할게요.

Qǐng fēnkāi suàn.

칭 **펀카**이 **쑤**안. · 请分开算。

전부 얼마예요?

Yígòng duōshao qián?

이공 **뚜어**샤오 치엔? · 一共多少钱?

거스름돈을 잘못 주신 것 같아요.

Nǐ gěi wǒ zhǎo cuò qián le.

니 **게**이 워 자오 **추**어 치엔 러. · 你给我找错钱了。

합계가 잘못됐어요.

Hǎoxiàng suàn cuò le.

하오**샹** **쑤**안 **추**올 러. · 好像算错了。

이 금액은 뭐죠?

Zhè ge jīn'é shì shénme?

쩌거 **진**어 스 션머? · 这个金额是什么?

선불인가요?

Yào xiān fùkuǎn ma?

야오 **시엔** 푸콴 마? · 要先付款吗?

어떻게 지불하실 건가요?

Nín rúhé jiézhàng?

닌 **루**허 지에짱? · 您如何结账?

신용카드로 지불할 수 있나요?

Kěyǐ yòng xìnyòngkǎ jiézhàng ma?

커이 용 **신용**카 지에짱 마? · 可以用信用卡结账吗?

식기 사용료가 포함된 금액이에요?

Bāokuò cānjùfèi de ma?

빠오쿼 **찬쥐페**이 더 마? · 包括餐具费的吗?

✈ 커피숍에서

아이스커피 한 잔 주세요.

Wǒ yào yì bēi bīngkāfēi.

워 **야**오 이 뻬이 삥카페이. · 我要一杯冰咖啡。

> **Tip** 아이스커피　bīngkāfēi [삥카페이]
> 아메리카노　měishì kāfēi [메이스 카페이]
> 카푸치노　kǎbùqínuò [카뿌치눠]
> 카페라떼　nátiě kāfēi [나티에 카페이]

🔊 어떤 사이즈로 드려요?

Nín xiǎng yào shénme chǐcùn?

닌 **샹 야**오 션머 츠춘? · 您想要什么尺寸?

톨 사이즈로 주세요.

Gěi wǒ zhōng bēi de.

게이 워 **쭝** 뻬이 더. · 给我中杯的。

> **Tip** 스몰　Xiǎo [샤오]
> 톨　Zhōng [쫑]
> 그란데　Dà [따]
> 벤티　Chāodà [차오따]

🔊 여기에서 드세요, 가지고 가세요?

Zài zhèr chī, háishì dàizǒu?

짜이 쩔 츠, 하이스 **따**이조우? · 在这儿吃, 还是带走?

가지고 갈 거예요.

Yào dàizǒu.

야오 **따**이조우. · 要带走。

120

✈ 술집에서

🔊 뭐 드시겠어요?

Nín yào hē shénme?

닌 야오 허 션머? · 您要喝什么?

생맥주 한 잔 주세요.

Gěi wǒ yì bēi zhāpí.

게이 워 **이 뻬이 짜피**. · 给我一杯扎啤。

Tip	맥주	píjiǔ [피지우]
	백주	báijiǔ [바이지우]
	소주	shāojiǔ [샤오지우]
	황주	huángjiǔ [황지우]
	칵테일	jīwěijiǔ [지웨이지우]
	와인	pútáojiǔ [푸타오지우]

와인 한 잔 주세요.

Gěi wǒ yì bēi pútáojiǔ.

게이 워 **이뻬이 푸타오지우**. · 给我一杯葡萄酒。

한 잔 더 주세요.

Qǐng zài lái yì bēi.

칭 **짜**이 라이 **이 뻬이**. · 请再来一杯。

건배!

Gānbēi!

깐뻬이! · 干杯!

중국 음식 주문하기

 탕수육 糖醋里脊 탕추리지

꿔바로우 锅巴肉 꿔바로우

돼지고기채 볶음 鱼香肉丝 위샹로스

닭고기 야채 볶음 宫保鸡丁 꽁빠오지딩

지삼선 地三鲜 띠싼시엔

북경오리 北京烤鸭 베이징카오야

토마토 계란 볶음 西红柿炒鸡蛋 시훙스차오지단

가지 볶음 红烧茄子 홍샤오치에즈

표고버섯 청경채 볶음 香菇青菜 샹구칭차이

새콤 감자채 볶음 酸辣土豆丝 쑤안라투또스

마파두부 麻婆豆腐 마퍼또프

매운 닭 볶음 辣子鸡 라쯔지

 깐쇼새우 干烧虾仁 깐샤오시아런

철판 소고기 볶음 铁板牛肉 티에반 니우로우

샤브샤브 火锅 훠궈

맵고 얼얼한 야채고기 탕 麻辣烫 마라탕

맵고 얼얼한 야채고기 볶음 麻辣香锅 마라샹궈

볶음밥 炒饭 차오판

덮밥 盖饭 까이판

우육면 牛肉面 니우로우 미엔

쌀국수 米线 미시엔

맵고 신 국수 酸辣面 쑤안라 미엔

볶음면 炒面 차오미엔

꽃빵 馒头 만터우

고기만두 小笼包子 샤오롱빠오즈

육즙 고기만두 灌汤包 꽌탕빠오

물만두 水饺 쉐이지아오

군만두 生煎 셩지엔

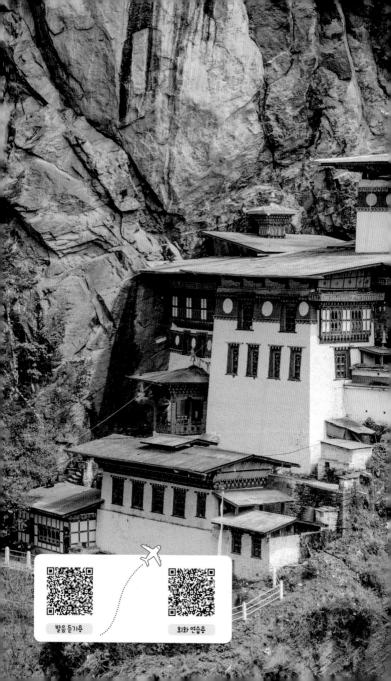

발음 듣기용

회화 연습용

관광 즐기기

가장 많이 쓰는 표현 Best 3

①

입장료는 얼마예요?

Ménpiào duōshao qián?

②

몇 시에 폐관해요?

Jǐ diǎn guān mén?

③

사진 좀 찍어 주시겠어요?

Qǐng bāng wǒ zhào zhāngxiàng,
hǎo ma?

✈ 관광하기

관광 안내소는 어디에 있어요?

Lǚyóuzīxún fúwùzhōngxīn zài nǎr?

뤼요쯔쉰 푸우쭝신 짜이 날? · 旅游咨询服务中心在哪儿?

구경하기 좋은 곳은 어디예요?

Zhèlǐ yǒu shénme kě kàn de?

쩔리 요 션머 커 칸 더? · 这里有什么可看的?

걸어서 갈 수 있는 거리인가요?

Lí zhèr kěyǐ zǒuzhe qù ma?

리 쩔 커이 조우저 취 마? · 离这儿可以走着去吗?

나이트 투어는 있나요?

Yǒu méiyǒu yè yóu?

요 메이요 예요우? · 有没有夜游?

시내 투어에 참가하고 싶은데요.

Wǒ xiǎng cānjiā shìnèi lǚyóutuán.

워 쌍 찬지아 스네이 뤼요퇀. · 我想参加市内旅游团。

126

✈ 관광 명소 구경하기

입장료는 얼마예요?

Ménpiào duōshao qián?

먼피아오 **뚜어**샤오 치엔? · 门票多少钱?

몇 시에 폐관해요?

Jǐ diǎn guān mén?

지 디엔 **꽌** 먼? · 几点关门?

짐 맡기는 곳이 있나요?

Yǒu méiyǒu jìcún xíngli de dìfang?

요 메이요 **지**춘 **씽**리 더 **디**팡? · 有没有寄存行李的地方?

들어가려면 얼마나 기다려야 해요?

Yào děng duōjiǔ cáinéng jìnqù?

야오 덩 **뚜어**지우 **차**이 능 **찐**취? · 要等多久才能进去?

팸플릿 있나요?

Yǒu méiyǒu jiǎnjiè xiǎocèzi?

요 메이요 **지엔**지에 샤오**처**즈? · 有没有简介小册子?

✈ 사진 찍기

사진 좀 찍어 주시겠어요?

Qǐng bāng wǒ zhào zhāngxiàng, hǎo ma?

칭 **빵** 워 **짜오** 쟝샹, **하오** 마? · 请帮我照张相, 好吗?

같이 사진 찍을 수 있어요?

Wǒmen yìqǐ zhào zhāngxiàng, hǎo ma?

워먼 **이치** 짜오 쟝샹, **하오** 마? · 我们一起照张相, 好吗?

당신 사진을 찍어도 될까요?

Kěyǐ gěi nǐ zhào zhāngxiàng ma?

커이 게이 니 **짜오** 쟝샹 마? · 可以给你照张相吗?

여기에서 사진을 찍어도 돼요?

Zhèlǐ kěyǐ zhào zhāngxiàng ma?

쩔리 **커**이 **짜오** 쟝샹 마? · 这里可以照张相吗?

사진 찍어 드릴까요?

Yào wǒ bāng nǐ zhào xiàng ma?

야오 워 **빵** 니 **짜**오 **샹** 마? · 要我帮你照相吗?

이 버튼을 누르시면 돼요.

Àn zhè ge jiù kěyǐ.

안 쩌거 찌우 커이. · 按这个就可以。

🔊 준비됐어요?

Zhǔnbèi hǎo le ma?

준뻬이 하올러 마? · 准备好了吗?

🔊 '치즈' 하세요.

Shuō qiézi.

슈어 치에즈. · 说茄子。

🔊 카메라를 보세요.

Kàn zhè xiàngjī.

칸 쩌 샹지. · 看这相机。

한 장 더 부탁드려요.

Zài lái yì zhāng, hǎo ma?

짜이 라이 이 장, 하오 마? · 再来一张, 好吗?

129

🎧 MP3 08-04

지금 어떤 것이 상연 중인가요?

Jīntiān yǒu shénme jiémù shàngyǎn?

찐티엔 요 션머 **지에무 상**옌? · 今天有什么节目上演?

다음 공연은 몇 시예요?

Xià yí ge jiémù jǐ diǎn shàngyǎn?

시아 이거 **지에무 지** 디엔 **상**옌? · 下一个节目几点上演?

공연 시간은 얼마나 돼요?

Yǎn duōcháng shíjiān?

옌 **뚜어창 스**지엔? · 演多长时间?

영어 자막이 있나요?

Yǒu Yīngwén zìmǔ ma?

요 **잉원 쯔무** 마? · 有英文字母吗?

앞쪽 좌석으로 주세요.

Qǐng gěi wǒ qiánpái de zuòwèi.

칭 **게**이 워 **치엔**파이 더 **쭈**오웨이. · 请给我前排的座位。

스포츠 관람하기

어느 팀과 어느 팀 경기인가요?

Shì nǎ ge duì de bǐsài?

스 나거 **뚜**이 더 비**싸**이? · 是哪个队的比赛?

지금 표를 살 수 있나요?

Xiànzài kěyǐ mǎi piào ma?

시엔짜이 **커**이 마이 **피**아오 마? · 现在可以买票吗?

🗣 죄송합니다. 매진됐습니다.

Duìbuqǐ, mài wán le.

뚜이부치, **마**이 완 러. · 对不起, 卖完了。

예약했는데요.

Wǒ yùdìng le.

워 **위딩** 러. · 我预定了。

파이팅!

Jiāyóu!

찌아 요! · 加油!

●Ürümqi

XINJIANG

GANSU

둔황 · 월아천

둔황 · 막고굴

●Lhasa

BHUTAN

BANGLADESH

투루판 · 포도 농장

YUNNAN

★ 그 곳 에 가 고 싶 다 ★

Dunhuang 둔황 **Ürümqi** 우루무치
Turpan 투루판

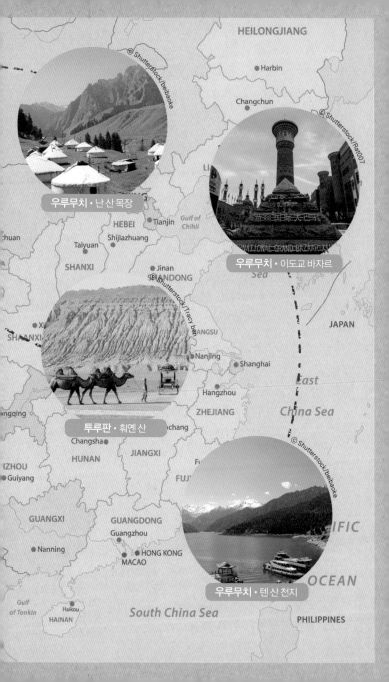

우루무치 • 난산 목장

우루무치 • 이도교 바자르

투루판 • 훠옌 산

우루무치 • 텐산 천지

발음 듣기용

회화 연습용

9 ★enjoy★

쇼핑하기

가장 많이 쓰는 표현 Best 3

❶
입어 봐도 돼요?
Kěyǐ shìshi ma?

❷
피팅룸은 어디예요?
Gēngyīshì zài nǎr?

❸
얼마예요?
Duōshao qián?

🔊 무엇을 도와드릴까요?

Yǒu shénme xūyào bāngmáng?

요 선머 쉬야오 빵망? · 有什么需要帮忙?

그냥 둘러보는 중이에요.

Wǒ zhǐ shì kànkan.

워 즈스 칸칸. · 我只是看看。

기념품을 찾고 있는데요.

Wǒ zài zhǎo jìniànpǐn.

워 짜이 자오 지니엔핀. · 我在找纪念品。

저거 볼 수 있어요?

Kànkan nà ge kěyǐ ma?

칸칸 나거 커이 마? · 看看那个可以吗?

이것 좀 보여 주세요.

Gěi wǒ kànkan zhè ge.

게이 워 칸칸 쩌거. · 给我看看这个。

다른 것도 보여 주세요.

Qǐng gěi wǒ kànkan bié de.

칭 게이 워 칸칸 비에 더. · 请给我看看别的。

입어 봐도 돼요?

Kěyǐ shìshi ma?

커이 스스 마? · 可以试试吗?

이거 세일해요?

Zhè ge yǒu méiyǒu dǎzhé?

쩌거 요 메이요 다저? · 这个有没有打折?

색깔은 어떤 것이 있나요?

Yǒu shénmeyàng de yánsè?

요 선머양 더 옌써? · 有什么样的颜色?

좀 더 싼 걸 보여 주세요.

Gěi wǒ kàn gèng piányi de.

게이 워 칸 껑 피엔이 더. · 给我看更便宜的。

빨간색	**hóngsè**	파란색	**lánsè**
	홍써 · 红色		란써 · 蓝色

노란색	**huángsè**	초록색	**lǜsè**
	황써 · 黄色		뤼써 · 绿色

분홍색	**fěn-hóngsè**	보라색	**zǐsè**
	펀홍써 · 粉红色		즈써 · 紫色

갈색	**hèsè**	주황색	**chéngsè**
	흐어써 · 褐色		청써 · 橙色

베이지	**dàn-zōngsè**	회색	**huīsè**
	딴쫑써 · 淡棕色		후이써 · 灰色

흰색	**báisè**	검은색	**hēisè**
	바이써 · 白色		헤이써 · 黑色

크다	**dà** 따 · 大	작다	**xiǎo** 샤오 · 小
길다	**cháng** 창 · 长	짧다	**duǎn** 뚜안 · 短
꽉 끼다	**jǐn** 진 · 紧	헐렁하다	**kuān-sōng** 콴송 · 宽松
(디자인이) 소박하다	**pǔsù** 푸쑤 · 朴素	(색, 무늬가) 요란하다	**huāxiāo** 화샤오 · 花销
(색이) 밝다	**liàng** 량 · 亮	(색이) 어둡다	**àn** 안 · 暗
비싸다	**guì** 꾸이 · 贵	싸다	**piányi** 피엔이 · 便宜

✈ 물건 사기

이거 얼마예요?

Zhè ge duōshao qián?

쩌거 뚜어샤오 치엔? · 这个多少钱?

너무 비싸네요.

Tài guì.

타이 꾸이. · 太贵。

좀 할인해 줄 수 없나요?

Néng bunéng piányi diǎnr?

능 뿌능 피엔이 디얼. · 能不能便宜点儿?

깎아 주시면 살게요.

Kěyǐ piányi diǎn, wǒ jiù mǎi.

커이 피엔이 디엔, 워 찌우 마이. · 可以便宜点, 我就买。

이거 세일 금액인가요?

Zhè shì zhékòujià ma?

쩌 스 저코지아 마? · 这是折扣价吗?

쿠폰 있는데 할인돼요?

Wǒ yǒu yōuhuìquàn, kěyǐ dǎzhé ma?

워 요 **요후이**쳰, **커**이 **다**저 마? · 我有优惠券, 可以打折吗?

이거 면세되나요?

Mǎi nà ge miǎnshuì ma?

마이 **나**거 미엔**수**이 마? · 买那个免税吗?

이걸로 주세요.

Wǒ yào zhè ge.

워 **야**오 쩌거. · 我要这个.

포장해 주세요.

Bāng wǒ bāozhuāng, hǎo ma?

빵 워 **빠**오쫭, **하**오 마? · 帮我包装, 好吗?

신용카드로 지불해도 되나요?

Kěyǐ yòng xìnyòngkǎ jiézhàng ma?

커이 **용** 신용카 지에**짱** 마? · 可以用信用卡结账吗?

✈️ 옷 사기

의류 매장이 어디에 있나요?

Fúzhuāngdiàn zài nǎr?

푸**촹띠**엔 **짜**이 날? · 服装店在哪儿?

치마를 사려고 하는데요.

Wǒ yào mǎi qúnzi.

워 **야**오 마이 **췬**즈. · 我要买裙子。

🔊 사이즈가 어떻게 되세요?

Nín de chǐmǎ shì shénme?

닌 더 **츠**마 스 션머? · 您的尺码是什么?

M 사이즈로 주세요.

Gěi wǒ M hào.

게이 워 **엠 하**오. · 给我M号。

피팅룸은 어디예요?

Gēngyīshì zài nǎr?

껑이스 **짜**이 날? · 更衣室在哪儿?

142

잘 맞네요.

Zhèng hǎo.

쩡 하오. · 正好。

좀 커요.

Yǒudiǎnr féi.

요디얼 페이. · 有点儿肥。

너무 커요.

Tài féi.

타이 페이. · 太肥。

좀 꽉 껴요.

Yǒudiǎnr jǐn.

요디얼 진. · 有点儿紧。

너무 헐렁해요.

Tài kuānsōng.

타이 콴송. · 太宽松。

한 치수 큰 걸 입어 볼 수 있을까요?

Gěi wǒ shìyishì zài dà yí hào de.

게이 워 스이스 짜이 **따** 이 **하**오 더. · 给我试一试再大一号的。

좀 더 작은 걸로 보여 주세요.

Gěi wǒ kànkan xiǎo yìdiǎn de.

게이 워 **칸**칸 샤오 **이**디엔 더. · 给我看看小一点的。

다른 스타일은 없나요?

Yǒu méiyǒu bié de kuǎnshì?

요 메이요 비**에** 더 **콴**스? · 有没有别的款式?

다른 색상은 없나요?

Yǒu méiyǒu bié de yánsè?

요 메이요 비**에** 더 **옌써**? · 有没有别的颜色?

똑같은 걸로 검은색 있나요?

Zhè ge kuǎnshì yǒu méiyǒu hēisè?

쩌거 콴스 요 메이요 **헤**이**써**? · 这个款式有没有黑色?

단어만 알아도 통한다!

치마
qúnzi
췬즈 · 裙子

원피스
liányīqún
리엔이췬 · 连衣裙

바지
kùzi
쿠즈 · 裤子

청바지
niúzǎikù
니우자이쿠 · 牛仔裤

반팔티
duǎnxiù T xùshān
뚜안시우 티 쉬샨 · 短袖T恤衫

후드 티
dàimào T xùshān
따이마오 티 쉬샨 · 戴帽T恤衫

재킷
jiākè
지아커 · 夹克

스카프
sījīn
쓰진 · 丝巾

✈️ 신발 사기

운동화를 찾고 있어요.

Wǒ zài zhǎo yùndòngxié.

워 **짜**이 자오 **윈뚱**시에. · 我在找运动鞋.

🔊 발 사이즈가 어떻게 되세요?

Nín yào duōdà hào de?

닌 **야**오 **뚜어따 하**오 더? · 您要多大号的?

38입니다.

Sānshíbā hào.

싼스빠 하오. · 38号.

🔊 이걸 한번 신어 보세요.

Lái shìyishì zhè yì shuāng.

라이 스이스 **쩌 이 쐉**. · 来试一试这一双.

앞이 조금 조여요.

Qiánmiàn yǒudiǎnr jǐn.

치엔**미**엔 **요**디얼 **진**. · 前面有点儿紧.

단어만 알아도 통한다!

운동화 **yùndòngxié**
원뚱시에 · 运动鞋

구두 **píxié**
피씨에 · 皮鞋

하이힐 **gāogēnxié**
까오껀시에 · 高跟鞋

샌들 **liángxié**
량시에 · 凉鞋

슬리퍼 **tuōxié**
투오씨에 · 拖鞋

부츠 **xuēzi**
쉬에즈 · 靴子

양말 **wàzi**
와즈 · 袜子

스타킹 **kùwà**
쿠와 · 裤袜

✈️ 화장품 사기

화장품 코너는 어디에 있나요?

Huàzhuāngpǐndiàn zài nǎlǐ?

화장핀띠엔 **짜**이 날리? · 化妆品店在哪里？

립스틱을 찾고 있는데요.

Wǒ zài zhǎo kǒuhóng.

워 **짜**이 자오 **코**홍. · 我在找口红。

샘플 발라 봐도 되나요?

Wǒ kěyǐ shìyòng yàngpǐn ma?

워 **커**이 스용 **양**핀 마? · 我可以试用样品吗？

저한테는 어울리지 않네요.

Zhè ge bú shìhé wǒ.

쩌거 부 스허 워. · 这个不适合我。

저는 민감성 피부예요.

Wǒ shì guòmǐnxìng pífū.

워 스 **꿔**민씽 피푸. · 我是过敏性皮肤。

> **Tip** 민감성 피부 guòmǐnxìng pífū [꿔민씽 피푸]
> 건성 피부 gānxìng pífū [깐씽 피푸]
> 지성 피부 yóuxìng pífū [요씽 피푸]
> 복합성 피부 hùnhéxìng pífū [훈허씽 피푸]

단어만 알아도 통한다!

	스킨	**shuǎngfūshuǐ** 쑤앙푸쉐이 · 爽肤水
	수분 크림	**bǎoshīshuāng** 바오스솽 · 保湿霜
	향수	**xiāngshuǐ** 썅쉐이 · 香水
	아이라이너	**yǎnxiànbǐ** 옌씨엔비 · 眼线笔
	파운데이션	**fěndǐ** 펀디 · 粉底
	아이섀도	**yǎnyǐng** 옌잉 · 眼影
	립스틱	**kǒuhóng** 코홍 · 口红
	매니큐어	**zhǐjiǎyóu** 즈지아요우 · 指甲油

✈ 슈퍼마켓에서

과일은 어디에 있나요?

Shuǐguǒ zài nǎr?

쉐이궈 **짜**이 날? · 水果在哪儿?

쇼핑 카트는 어디에 있어요?

Gòuchē zài nǎr?

꼬우처 **짜**이 날? · 购车在哪儿?

왼쪽에 있어요.

Zài zuǒbiān.

짜이 **주오**비엔. · 在左边。

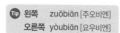

다 팔렸어요?

Quán dōu mài wán le?

췐 **또**우 **마**이 완 러? · 全都卖完了?

얼마예요?

Duōshao qián?

뚜어샤오 치엔? · 多少钱?

단어만 알아도 통한다!

사과	**píngguǒ** 핑궈 · 苹果	아이스 크림	**bīngqílín** 삥치린 · 冰淇淋
딸기	**cǎoméi** 차오메이 · 草莓	요거트	**suānnǎi** 쑤안나이 · 酸奶
오렌지	**chéngzi** 청즈 · 橙子	과자	**bǐnggàn** 빙깐 · 饼干
귤	**júzi** 쥐즈 · 橘子	초콜릿	**qiǎokèlì** 챠오컬리 · 巧克力
포도	**pútáo** 푸타오 · 葡萄	사탕	**tángguǒ** 탕궈 · 糖果
망고	**mángguǒ** 망궈 · 芒果	껌	**kǒuxiāngtáng** 코샹탕 · 口香糖
두리안	**liúlián** 리우리엔 · 榴莲	건과일	**shuǐguǒgān** 쉐이궈깐 · 水果干
하미과	**hāmìguā** 하미과 · 哈密瓜	컵라면	**fāngbiànmiàn** 팡비엔미엔 · 方便面

✈ 교환과 환불

이거 반품하고 싶은데요.

Wǒ xiǎng tuìhuò.

워 **샹 투**이 **훠**. · 我想退货。

환불할 수 있어요?

Kě bukěyǐ tuìqián?

커 부커이 **투**이 치엔? · 可不可以退钱?

사이즈를 바꿔 주세요.

Qǐng gěi wǒ huàn ge chǐmǎ.

칭 **게**이 워 **환** 거 **츠**마. · 请给我换个尺码。

전혀 작동하지 않아요.

Gēnběn méiyǒu qǐdòng.

껀번 **메**이요 **치**동. · 根本没有启动。

🔊 영수증 있으세요?

Yǒu shōujù ma?

요 **쇼쥐** 마? · 有收据吗?

152

중국어 숫자 읽기

1 yī 이	2 èr 얼	3 sān 싼	4 sì 쓰	5 wǔ 우
6 liù 리우	7 qī 치	8 bā 빠	9 jiǔ 지우	10 shí 스
11 shíyī 스이	12 shíèr 스얼	13 shísān 스싼	14 shísì 스쓰	15 shíwǔ 스우
16 shíliù 스리우	17 shíqī 스치	18 shíbā 스빠	19 shíjiǔ 스지우	20 èrshí 얼스
30 sānshí 싼스	40 sìshí 쓰스	50 wǔshí 우스	60 liùshí 리우스	70 qīshí 치스
80 bāshí 빠스	90 jiǔshí 지우스	100 yìbǎi 이바이	200 èrbǎi 얼바이	300 sānbǎi 싼바이
400 sìbǎi 쓰바이	500 wǔbǎi 우바이	600 liùbǎi 리우바이	700 qībǎi 치바이	800 bābǎi 빠바이
900 jiǔbǎi 지우바이	1,000 yīqiān 이치엔	10,000 yíwàn 이완	100,000 shíwàn 스완	

Ürümqi
XINJIANG
GANSU
Xining
QINGHAI
Lhasa
BHUTAN
BANGLADESH
Kunming
YUNNAN
© Shutterstock/Lee Yiu Tung
© Shutterstock/Sorbis

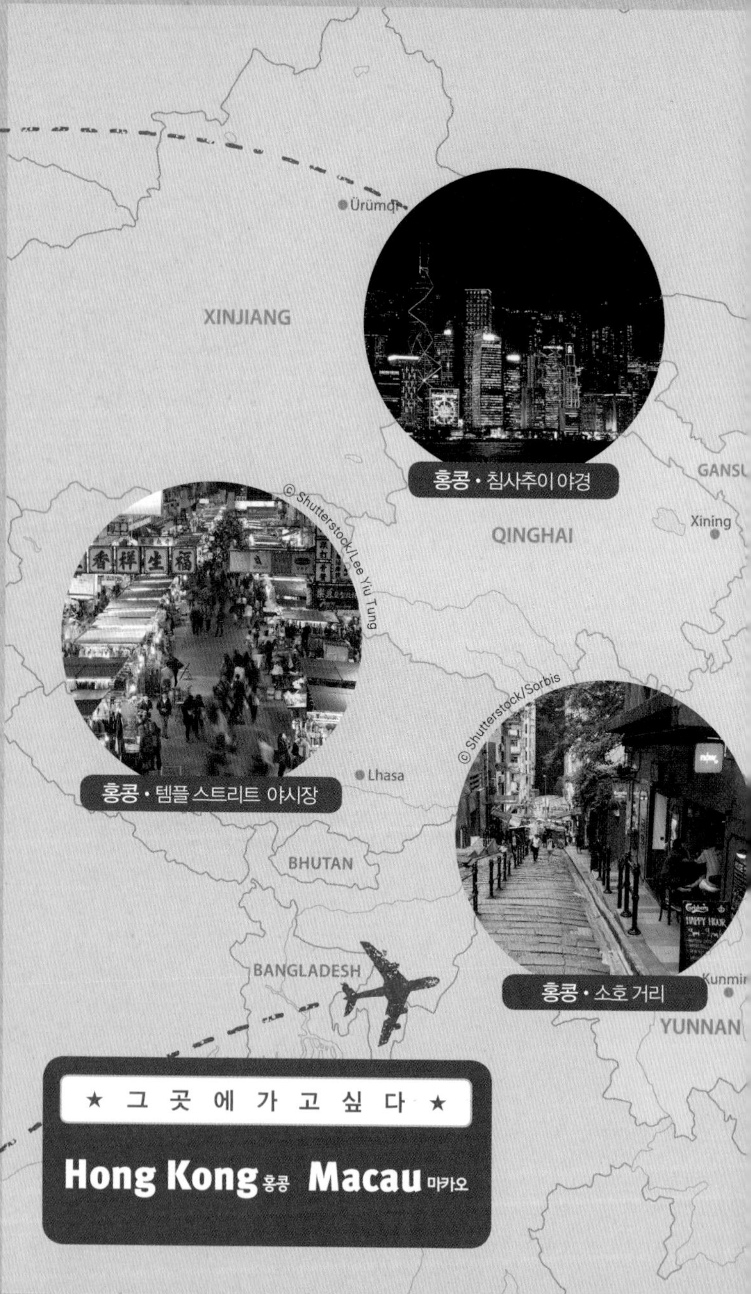

홍콩 · 침사추이 야경

홍콩 · 템플 스트리트 야시장

홍콩 · 소호 거리

★ 그 곳 에 가 고 싶 다 ★

Hong Kong 홍콩 **Macau** 마카오

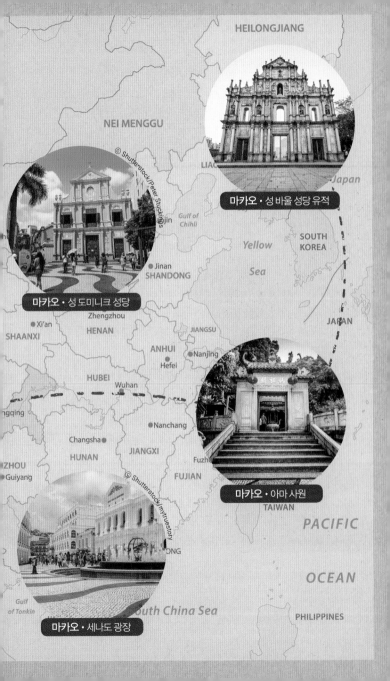

HEILONGJIANG

NEI MENGGU

© Shutterstock/Peter Stuckings

LIAO

마카오 · 성 바울 성당 유적

마카오 · 성 도미니크 성당

Japan

Gulf of
Chihli

SOUTH
KOREA

Yellow

Sea

jin

Jinan
SHANDONG

Xi'an

Zhengzhou

SHAANXI

HENAN

ANHUI
Hefei

JIANGSU

Nanjing

JAPAN

HUBEI

Wuhan

ngqing

Nanchang

Changsha

JIANGXI

© Shutterstock/mytruestory

마카오 · 아마 사원

ZHOU
Guiyang

HUNAN

Fuzh

FUJIAN

TAIWAN

PACIFIC

ONG

OCEAN

마카오 · 세나도 광장

Gulf
of Tonkin

South China Sea

PHILIPPINES

발음 듣기용

회화 연습용

10
★enjoy★

친구 만들기

가장 많이 쓰는 표현 Best 3

❶
만나서 반가워요.
Rènshi nǐ hěn gāoxìng.

❷
한국에서 왔어요.
Wǒ lái zì Hánguó.

❸
회사원이에요.
Wǒ shì gōngsī zhíyuán.

✈️ 말문 떼기

만나서 반가워요.

Rènshi nǐ hěn gāoxìng.

런스 니 헌 **까오씽**. · 认识你很高兴。

누군가를 기다리고 계세요?

Nǐ zài děng rén ma?

니 **짜**이 덩 런 마? · 你在等人吗?

여기 참 멋진 곳이네요.

Zhè zhēn shì hěn piàoliàng de dìfang.

쩌 쩐스 헌 **피**아오량 더 **디**팡. · 这真是很漂亮的地方。

날씨가 좋네요.

Tiānqì zhēn hǎo.

티엔치 쩐 하오. · 天气真好。

어디에서 오셨어요?

Nǐ shì cóng nǎlǐ lái de?

니 스 총 **날**리 라이 더? · 你是从哪里来的?

✈ 자기소개 하기

저는 최수지예요.

Wǒ jiào CHOI SU JI.

워 **찌아오** CHOI SU JI. · 我叫 CHOI SU JI。

한국에서 왔어요.

Wǒ lái zì Hánguó.

워 라이 **쯔 한궈**. · 我来自韩国。

중국은 처음이에요.

Wǒ dì yī cì lái Zhōngguó.

워 **띠 이 츠** 라이 **쭝궈**. · 我第一次来中国。

Tip	처음	dì yī cì [띠 이츠]
	두 번째	dì èr cì [띠 얼츠]
	세 번째	dì sān cì [띠 싼츠]

대학생이에요.

Wǒ shì dàxuéshēng.

워 **스 따쉬에셩**. · 我是大学生。

회사원이에요.

Wǒ shì gōngsī zhíyuán.

워 **스 꽁쓰 즈위엔**. · 我是公司职员。

✈ 친구만들기

✈ 칭찬하기

귀여워요.

Hěn kě'ài.

헌 커아이. · 很可爱。

잘생겼어요.

Hěn shuài.

헌 **슈와**이. · 很帅。

젊어 보여요.

Nǐ kànqǐlái hěn niánqīng.

니 **칸치**라이 **헌 니**엔칭. · 你看起来很年轻。

그거 정말 좋은데요.

Nà zhēn bú cuò.

나 **쩐** 부추오. · 那真不错。

대단한데요.

Zhēn liǎobuqǐ.

쩐 랴오부치. · 真了不起。

✈ 이메일, sns 주고받기

또 연락을 하고 싶어요.

Wǒ xiǎng zài gēn nǐ liánxì.

워 **샹 짜**이 **껀** 니 리엔**씨**. • 我想再跟你联系。

이메일 주소 좀 가르쳐 주시겠어요?

Gàosu wǒ nǐ de yóujiàn dìzhǐ, hǎo ma?

까오수 워 니 더 **요**지엔 **띠**즈, **하**오 마? • 告诉我你的邮件地址, 好吗?

제 이메일 주소는 nexus@gmail.com입니다.

Wǒ de yóujiàn dìzhǐ shì nexus@gmail.com.

워 더 **요**지엔 **띠**즈 스 nexus@gmail.com. • 我的邮件地址是 ～。

여기에 적어 주시겠어요?

Xiě zài zhèr ba.

시에 **짜**이 **쩔** 바. • 写在这儿吧。

페이스북 계정이 있으세요?

Nǐ yǒu méiyǒu Liǎnshū de zhànghào?

니 **요** 메이요 리엔**슈** 더 **짱하**오? • 你有没有脸书的账号?

✈ 친구만들기

161

국립 중정 기념관

국립 고궁 박물관

용산사

★ 그 곳 에 가 고 싶 다 ★

Taiwan 타이완

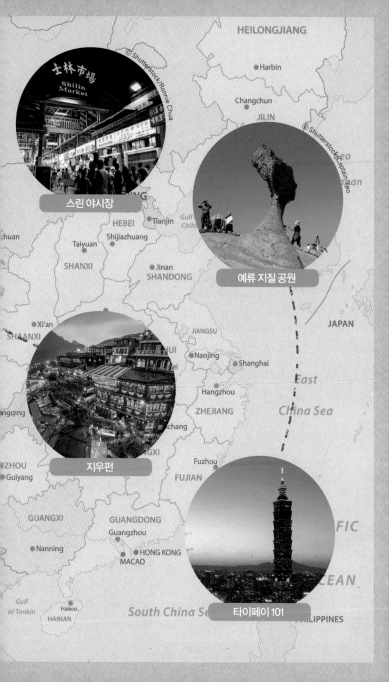

스린 야시장

예류 지질 공원

지우펀

타이페이 101

발음 듣기용   회화 연습용

긴급 상황 발생

가장 많이 쓰는 표현 Best 3

①
핸드폰을 잃어버렸어요.
Wǒ bǎ shǒujī diū le.

②
경찰을 불러 주세요.
Qǐng jiào jǐngchá lái.

③
열이 좀 있어요.
Wǒ yǒudiǎnr fāshāo.

 # ✈ 도움 청하기

사람 살려!

Jiùmìng ā!

찌우밍 아! · 救命啊!

불이야!

Zháo huǒ le!

자오훠러! · 着火了!

조심하세요!

Xiǎoxīn!

샤오신! · 小心!

도둑이야!

Xiǎotōu!

샤오토우! · 小偷!

저놈 잡아라!

Zhuā zhù tā!

쫘주 타! · 抓住他!

소매치기를 당했어요.

Wǒ bèi tōu le.

워 **뻬**이 **토**울 러. · 我被偷了。

문제가 생겼어요.

Wǒ yùdào wèntí le.

워 **위따**오 **원**틸 러. · 我遇到问题了。

한국어 할 줄 아는 사람 있나요?

Yǒu méiyǒu huì shuō Hányǔ de?

요 메이요 **훼**이 **슈어 한**위 더? · 有没有会说韩语的?

경찰서가 어디죠?

Gōngānjú zài nǎr?

꽁안쥐 짜이 날? · 公安局在哪儿?

여기에 데려다주세요.

Qǐng dài wǒ qù zhè ge dìfang.

칭 **따**이 워 **취 쩌**거 **띠**팡. · 请带我去这个地方。

단어만 알아도 통한다!

경찰서	**gōngānjú** 꽁안쥐 · 公安局
경찰	**jǐngchá** 징차 · 警察
병원	**yīyuàn** 이위엔 · 医院
구급차	**jiùhùchē** 찌우후처 · 救护车
의사	**yīshēng** 이셩 · 医生
약국	**yàofáng** 야오팡 · 药房
소방서	**xiāofángjú** 샤오팡쥐 · 消防局
대사관	**dàshǐguǎn** 따스관 · 大使馆

✈ 도난당하거나 분실했을 때

핸드폰을 잃어버렸어요.

Wǒ bǎ shǒujī diū le.

워 바 쇼지 **띠울** 러. · 我把手机丢了。

여권을 잃어버렸어요.

Wǒ bǎ hùzhào diū le.

워 바 후자오 **띠울** 러. · 我把护照丢了。

지갑을 도둑맞았어요.

Wǒ de qiánbāo bèi tōu le.

워 더 **치엔빠오 뻬이 토울** 러. · 我的钱包被偷了。

가방을 찾을 수가 없어요.

Wǒ zhǎobudào wǒ de xíngli.

워 **자오**부**따오** 워 더 **씽리**. · 我找不到我的行李。

가방을 기차에 두고 내렸어요.

Wǒ bǎ xíngli wàng zài huǒchē shàng.

워 바 **씽리 왕 짜이 훠처 상**. · 我把行李忘在火车上。

긴급상황

169

여기에서 지갑 못 보셨어요?

Zhèlǐ nǐ yǒu méiyǒu jiànguò qiánbāo?

쩔리 니 요 메이요 **지엔궈** 치엔빠오? · 这里你有没有见过钱包?

🔊 어디에서 잃어버렸습니까?

Nǐ zài nǎr diū le?

니 **짜**이 날 **띠울** 러? · 你在哪儿丢了?

어디에서 잃어버렸는지 모르겠어요.

Wǒ bù zhīdào diū zài nǎlǐ.

워 **뿌 쯔다**오 **띠우 짜**이 날리. · 我不知道丢在哪里。

🔊 분실 신고서를 써 주세요.

Qǐng nǐ tiánxiě yíshī zhèngmíngshū.

칭 니 **티엔**시에 이스 **쩡밍수**. · 请你填写遗失证明书。

찾으면 여기로 연락 주세요.

Rúguǒ zhǎodào, qǐng dǎ zhè ge diànhuà hàomǎ.

루궈 자오**따**오, 칭 다 **쩌**거 **띠엔화 하**오마. · 如果找到, 请打这个电话号码。

✈ 교통사고가 났을 때

경찰을 불러 주세요.

Qǐng jiào jǐngchá lái.

칭 **찌아오 징**차 라이. • 请叫警察来。

구급차를 불러 주세요.

Qǐng jiào jiùhùchē lái.

칭 **찌아오 찌우후처** 라이. • 请叫救护车来。

의사를 빨리 데려와 주세요.

Kuài jiào yīshēng lái.

콰이 **찌**아오 **이성** 라이. • 快叫医生来。

교통사고가 났어요.

Fāshēng le jiāotōngshìgù.

파성 러 **쟈**오**통스꾸**. • 发生了交通事故。

차에 치였어요.

Wǒ bèi chē zhuàng le.

워 **뻬**이 **처 쫭** 러. • 我被车撞了。

✈ 아플 때

여기가 아파요.

Zhèlǐ tòng.

쩔리 통. · 这里痛。

너무 아파서 움직일 수가 없어요.

Tòng de dòngbuliǎo.

통 더 뚱불랴오. · 痛得动不了。

피가 나요.

Chū xiě le.

추 시엘 러. · 出血了。

열이 좀 있어요.

Wǒ yǒudiǎnr fāshāo.

워 요디얼 파샤오. · 我有点儿发烧。

설사를 해요.

Lā dùzi le.

라 뚜즐 러. · 拉肚子了。

아프다	**tòng** 퉁 · 痛
어지럽다	**tóuyūn** 토우윈 · 头晕
오한이 나다	**fā'èhán** 파 어한 · 发恶寒
가렵다	**fā yǎng** 파 양 · 发痒
부었다	**zhǒng le** 종 러 · 肿了
출혈	**chū xiě** 추 시에 · 出血
감염	**gǎnrǎn** 간란 · 感染
염좌, 삠	**niǔshāng** 니우샹 · 扭伤

스피드 인덱스

1. 초간단 기본표현

5. 이동 중에

6. 교통 이용하기

7. 식당·술집에서

11. 긴급 상황 발생